crocodilo   ubu

**TRADUÇÃO
JAMILLE PINHEIRO DIAS
RAQUEL CAMARGO**

ELSA DORLIN

SEXO, GÊNERO E SEXUALIDADES

**INTRODUÇÃO
À TEORIA
FEMINISTA**

7   Introdução

13 Epistemologias feministas
35 Historicidade do sexo
55 Nossos corpos, nós mesmas
77 O sujeito político do feminismo
105 Filosofias da identidade e "práxis queer"
125 Tecnologias do sexo

147 Agradecimentos
151 Índice onomástico
155 Sobre a autora

INTRODUÇÃO

> *Ninguém nasce mulher: torna-se mulher. Nenhum destino biológico, psíquico, econômico define a forma que a fêmea humana assume no seio da sociedade; é o conjunto da civilização que elabora esse produto intermediário entre o macho e o castrado que qualificam de feminino. Somente a mediação de outrem pode constituir um indivíduo como um Outro.*
> SIMONE DE BEAUVOIR, *O segundo sexo*, 1949.

Sexo, em geral, designa três coisas: o *sexo* biológico, tal como atribuído no nascimento – macho ou fêmea –, o papel ou o comportamento sexual que supostamente corresponde ao sexo biológico; o *gênero*, provisoriamente definido como os atributos femininos e masculinos – e que as diversas formas de socialização e educação dos indivíduos produzem e reproduzem; e, por fim, a *sexualidade*, isto é, o fato de ter uma sexualidade, de "ter" ou "fazer" sexo.

As teorias feministas se atêm à problematização dessas três dimensões, dessas três acepções entrelaçadas do sexo. Elas trabalham, ao mesmo tempo, com as distinções históricas estabelecidas entre o *sexo*, o *gênero*, a *sexualidade* e suas relações. Trata-se de uma relação de causalidade: o sexo biológico determinaria o gênero e a sexualidade? Ou se trata de uma relação de simultaneidade não coercitiva entre o sexo biológico, de um lado, e a identidade sexual (de gênero e de sexualidade), de outro? Ou, ainda, de uma relação de normalização? Seria a heterossexualidade reprodutora – como organização social dominante da sexualidade – a norma legal, social, mas também médica, à luz da qual as categorias de sexo e gênero poderiam ser examinadas e até mesmo contestadas? As teorias feministas não se atêm apenas à delimitação teórica e prática entre o que seria "natural" e "cultural" ou "social", tampouco à delimitação do sexo, do gênero e *das* sexualidades; antes, elas se atêm aos princípios, aos postulados ou às implicações ideológicas, políticas e epistemológicas dessa mesma delimitação. É ao conjunto desses debates que este livro se dedica.

Até o momento, ao lado das pesquisas filosóficas e históricas sobre sexualidade iniciadas por Michel Foucault, podemos encontrar pelo menos dois grandes tipos de contribuição sobre a questão do sexo e da filosofia: por um lado, trabalhos relativos às mulheres,[1] à "diferença dos sexos",[2] ao "*diferendo* dos sexos",[3] como filosofemas, trabalhos consagrados sobretudo ao lugar das mulheres, ao lugar atribuído às mulheres ou ao feminino no *corpus* filosófico ou psicanalítico; por outro, trabalhos que se interessaram pela filosofia das mulheres e, de

---

[1] Luce Irigaray, *Speculum de l'autre femme*. Paris: Minuit, 1974; Michèle Le Dœuff, *L'Étude et le rouet*. Paris: Le Seuil, 1989; Sarah Kofman, *Le Respect des femmes*. Paris: Galilée, 1989; Id., *L'Énigme de la femme*. Paris: Le Livre de Poche, 1994; Françoise Collin, Évelyne Pisier e Eleni Varikas, *Les Femmes de Platon à Derrida*. Paris: Plon, 2000.
[2] Geneviève Fraisse, *La Différence des sexes*. Paris: PUF, 1996.
[3] F. Collin, *Le Différend des sexes*. Paris: Pleins Feux, 2000.

maneira mais ampla, pelas filosofias da "igualdade dos sexos" sob uma perspectiva da história da filosofia.[4]

O presente trabalho concentra-se particularmente nas teorias feministas, no modo como elas se desenvolveram nos últimos quarenta anos, e, de maneira mais específica, nas filosofias feministas. As teorias feministas serão definidas como um saber conectado de forma indissociável ao movimento político que problematiza, principalmente de um ponto de vista epistemológico inédito, a relação que *todo* saber mantém com certa posição de poder, uma relação que pode reforçá-la, derrubá-la ou modificá-la. Este livro prioriza um *corpus* anglófono que, pelo engajamento nos debates filosóficos contemporâneos e por sua extrema riqueza, destaca-se do desenvolvimento ainda embrionário das problemáticas feministas da filosofia francesa. Baseia-se, sobretudo, nas obras do feminismo marxista, da epistemologia ou da ética feministas, da história e da filosofia feminista das ciências, do feminismo negro, do feminismo dito "pós-moderno" e da teoria queer. No entanto, ele também reinscreve o conjunto dessas problemáticas em um diálogo permanente, tanto com o feminismo materialista "ao modo francês" como com os trabalhos feministas francófonos nas ciências humanas, sociais e políticas. Por fim, muitos trabalhos aqui apresentados são inspirados no que, do outro lado do Atlântico, denomina-se *French theory* (Foucault, Deleuze, Derrida) e *French feminism* (Irigaray, Cixous, Kristeva). Esta última expressão é particularmente problemática[5]

---

[4] M. Le Dœuff, *Le Sexe du savoir*. Paris: Aubier, 1998; Elsa Dorlin, *L'Évidence de l'égalité des sexes: Une Philosophie oubliée du xviie siècle*. Paris: L'Harmattan, 2000; Michel Kail, *Simone de Beauvoir philosophe*. Paris: PUF, 2006.

[5] Cf. Cynthia Kraus, "Anglo-American Feminism made in France: Crise et critique de la représentation". *Les Cahiers du Genre*, n. 38, 2005.

na medida em que, talvez à exceção de Luce Irigaray, as três referências ocupam um lugar bastante marginal no pensamento feminista francês. Este trabalho é, portanto, o resultado do processo de tradução e retradução cultural dos principais conceitos do pensamento feminista transatlântico.

Não faremos aqui uma apresentação exaustiva das temáticas abordadas pelo saber feminista contemporâneo, mais ou menos institucionalizado de acordo com as tradições disciplinares, universitárias ou mais amplamente intelectuais. O ângulo aqui adotado vincula-se a uma postura filosófica, bem como a uma posição no centro do pensamento e do movimento feministas atuais. Trata-se, então, de um percurso possível no âmbito das teorias feministas, que deve ser entendido como uma homenagem à história do pensamento e do movimento das mulheres e como uma contribuição à emergência de um questionamento filosófico feminista.

EPISTEMOLOGIAS FEMINISTAS

> *Precisamos do poder das teorias críticas modernas sobre como significados e corpos são construídos, não para negar significados e corpos, mas para viver em significados e corpos que tenham a possibilidade de um futuro.*
> DONNA HARAWAY, "Saberes localizados", 1988.

O pessoal é político

"O pessoal é político" é o slogan emblemático de diversos movimentos de liberação das mulheres nascidos nos anos 1960, para os quais *O segundo sexo* de Simone de Beauvoir constitui a principal referência. A expressão marca também a emergência de uma produção intelectual pluridisciplinar, de uma reflexão crítica, que, nos últimos quarenta anos, não parou de se desenvolver, de se diversificar e de se institucionalizar no centro do pensamento e do movimento das mulheres, a partir deles ou junto a eles. Eu já empreguei o termo "feminismo" sem defini-lo; agora chegou o momento de fazê-lo. Entendo por feminismo a tradição de pensamento e, por extensão, os movimentos históricos que, pelo menos desde o século XVII, colocaram, segundo lógicas demonstrativas diversas, a questão da igualdade dos homens e das mulheres, rastreando os preconceitos relativos à inferioridade das mulheres ou denunciando a iniquidade de sua condição.

"O pessoal é político" permanece o emblema do saber feminista e remete, por um lado, ao trabalho de *historicização* de uma relação de poder e, por outro, ao trabalho de *conscientização* sobre essa relação.

O saber feminista designa todo um trabalho histórico, realizado a partir de múltiplas tradições disciplinares (história, sociologia, literatura, ciência política, filosofia, ciências biomédicas etc.); um trabalho de questionamento do que, até então, era comumente mantido fora do âmbito político: os papéis de sexo, a personalidade, a organização familiar, as tarefas domésticas, a sexualidade, o corpo... Trata-se de um trabalho de historicização e, consequentemente, de politização do espaço privado, do íntimo, da individualidade, no sentido de que se reintroduz, com isso, o político, isto é, as relações de poder – e, portanto, de conflito – onde antes nos atínhamos às normas naturais ou morais, à matéria dos corpos, às estruturas psíquicas ou culturais, às escolhas individuais. É um trabalho que, ao encontrar as tensões, as crises, as resistências soterradas ao longo da história das mulheres, do gênero ou das sexualidades, tornou possível um pensamento a respeito da historicidade de uma relação de poder considerada a-histórica ("*em todos os lugares e desde sempre as mulheres foram e são dominadas*"). Esse trabalho também permitiu a emergência de um pensamento crítico acerca do apagamento, do acobertamento e da gestão de conflitualidades e resistências por meio e no âmbito dos saberes hegemônicos. O saber feminista dedicou-se, portanto, a "conteúdos históricos", uma vez que "apenas os conteúdos históricos podem permitir descobrir a clivagem dos enfrentamentos e das lutas que as ordenações funcionais ou as organizações sistemáticas tiveram como objetivo, justamente, mascarar".[1] Assim, esse saber permitiu apreender a historicidade da "diferença sexual", bem como das prerrogativas sociais e culturais que decorrem dela; a normatividade da heterossexualidade reprodutora, bem como de sua forma jurídica moderna – a família patriarcal –, atendo-se à gênese e ao desenvolvimento dos dispositivos de naturalização e de normalização da divisão sexual do trabalho, da socialização dos corpos, da interiorização das hierarquias de gênero, a partir de seus pontos de contestação: as lutas e os saberes das mulheres. O saber feminista é também uma memória dos combates.

Desse modo, o saber feminista se apoia em todo um conjunto de saberes locais, saberes diferenciados e contestadores que foram desqualificados, considerados "incapazes de unanimidade" ou "não conceituais",[2] que dizem respeito à reapropriação de si: de seus corpos, de sua identidade. Trata-se de um modo de conhecimento de si, comum a diversos movimentos sociais, que consiste em politizar a experiência individual, ou seja, em transformar o pessoal em político. Em outras palavras, o trabalho de conscientização faz com que o destino cotidiano de cada mulher, a suposta "condição feminina", seja reconhecido como uma experiência de opressão na qual reconheço a mim mesma como "sujeito da opressão".[3] Além disso, as vivências singulares das mulheres podem ser ressignificadas como vivências coletivamente compartilhadas: isso funda duplamente a própria possibilidade da revolta, nos níveis in-

---

1 Michel Foucault, *Em defesa da sociedade: Curso no Collège de France (1975–1976)*, trad. Maria Ermantina Galvão. São Paulo: Martins Fontes, 2005, p. 11.
2 Ibid., p. 12.
3 Nicole-Claude Mathieu, *L'Anatomie politique*. Paris: Côté Femmes, 1991, p. 219.

dividual e coletivo – "aquilo a que é possível resistir não é inevitável".[4] A transformação da consciência de si das mulheres, com o questionamento do tornar-se "mulher" a que cada uma estava submetida, produziu um sujeito – "as mulheres" – que é uma identidade política. Isso foi possível, em particular, pela produção de saberes sobre, por e para mulheres, que inventaram outras linguagens, assumiram diversas formas, dentre as quais as duas principais são os "grupos de consciência" e as "expertises selvagens". Os grupos de consciência eram coletivos não mistos de discussão que propunham despsicologizar e desindividualizar as vivências das mulheres, reconhecendo em cada uma dessas vivências individuais as múltiplas expressões de uma condição social e histórica comum. Desde os anos 1970, esses grupos de consciência foram particularmente determinantes na França para definir, identificar e combater as múltiplas formas de violência praticadas contra as mulheres, até então indizíveis ou invisíveis e, em certa medida, legitimadas pela distinção filosófica, e efetivamente legal, entre as esferas pública e privada. Já as expertises selvagens consistiam em produzir saber na condição de objeto *e* sujeito do conhecimento, a tornar a pessoa *expert* de si. Trata-se de uma maneira de contestar o saber dominante que toma por objeto as mulheres, materializam seus corpos, suas palavras ou experiências. Ao causar um curto-circuito no saber dominante, e, mais particularmente, no ginecológico ou sexológico, as mulheres produziram saberes sobre sua sexualidade e sua saúde, reapropriaram-se de seu corpo, inventando ou experimentando

---

[4] Christine Delphy, *L'Ennemi principal I: Économie politique du patriarcat*. Paris: Syllepse, 1998, p. 272.

técnicas de prazer e de cuidado.[5] Os grupos de consciência e as expertises selvagens foram tanto mais necessários na medida em que "a inferioridade social da mulher reforça-se e complica-se pelo fato de que ela não tem acesso à linguagem, a não ser pelo recurso a sistemas 'masculinos' de representação que a desapropriam de uma relação consigo própria e com outras mulheres".[6] Esses saberes feministas,[7] portanto, não apenas produzem um novo saber sobre as mulheres, mas desqualificam o "conhecimento verdadeiro"; perturbam a economia do próprio saber e a distinção entre sujeito e objeto do conhecimento. Como salienta Luce Irigaray a propósito de qualquer discurso sobre as mulheres, "não se trata de elaborar uma nova teoria em que a mulher seria o *sujeito* ou o *objeto*, mas sim de fazer emperrar a própria maquinaria teórica, de suspender a sua pretensão à produção de uma verdade e de um sentido demasiadamente unívocos".[8]

O questionamento de Irigaray, e mais amplamente do saber feminista, deve ser compreendido aqui, antes de tudo, como um questionamento *político*. Trata-se de um questionamento político no sentido de que o pensamento feminista combateu prioritariamente os "efeitos do poder próprios de um discurso

---

[5] A esse respeito, a luta histórica pelo aborto livre é paradigmática. Na França, o movimento de libertação das mulheres e o Grupo Informação Saúde (GIS), coletivo de médicos criado em 1972 com base no modelo do Grupo Informação Prisões (GIP), aprendem o método de aborto por aspiração, chamado "método Karman", muito menos traumatizante que o método por curetagem.

[6] L. Irigaray, *Este sexo que não é só um sexo: Sexualidade e status social da mulher*, trad. Cecilia Prada. São Paulo: Senac, 2017, p. 97.

[7] M. Foucault, *Em defesa da sociedade*, op. cit., p. 12.

[8] L. Irigaray, *Este sexo que não é só um sexo*, op. cit., p. 90.

considerado científico".[9] Refiro-me aqui aos efeitos de poder dos discursos médicos, psicanalíticos, mas também filosóficos, históricos ou antropológicos totalizantes, dominantes, sobre o corpo e a fala das mulheres.

Nesse sentido, pode-se definir o saber feminista como uma genealogia, no sentido atribuído por Michel Foucault: "A genealogia seria, pois, relativamente ao projeto de uma inserção dos saberes na hierarquia do poder próprio da ciência, uma espécie de empreendimento para desasujeitar os saberes históricos e torná-los livres, isto é, capazes de oposição e de luta contra a coerção de um discurso teórico unitário, formal e científico".[10]

Antes mesmo de examinar a cientificidade dos discursos dominantes, a pergunta colocada pela *genealogia* feminista é: "Quais tipos de saber vocês querem desqualificar quando dizem que esse saber é uma ciência? Qual sujeito falante, qual sujeito discorrente, qual sujeito de experiência e de saber vocês querem diminuir quando dizem: '*eu, que faço este discurso, faço um discurso científico e sou cientista*'?".[11]

Das epistemologias do *standpoint* à ética do *care*

Foi sobre o solo genealógico próprio ao saber feminista, e, mais amplamente, aos pensamentos "minoritários", "menores",[12] que se desenvolveram as epistemologias feministas em sentido

---

9 M. Foucault, *Em defesa da sociedade*, op. cit., p. 14.
10 Ibid., p. 15;
11 Ibid.
12 Gilles Deleuze e Félix Guattari, *Mil platôs: Capitalismo e esquizofrenia*, v. 1 [1980], trad. Ana Lúcia de Oliveira, Aurélio Guerra Neto e Célia Pinto Costa. São Paulo: Editora 34, 1995.

estrito. Essas epistemologias feministas estão intimamente ligadas à filosofia marxista, que constitui o seu ponto de partida. No entanto, foi dessa herança – e, em certa medida, contra ela – que essas epistemologias dirigiram certo número de críticas à filosofia marxista, propondo um feminismo pós-marxista ou um empirismo feminista. A crítica mais ampla do feminismo pós-marxista aponta a incapacidade do marxismo de pensar a especificidade da opressão das mulheres; ou, para dizer de outro modo, aponta a redução sistemática do patriarcado[13] ao modo de produção capitalista. Essa incapacidade teórica e política é pensada em termos marxistas: ela reside fundamentalmente no fato de que "as produções intelectuais [são definidas] como o produto das relações sociais".[14]

Tais "relações sociais", contudo, são sempre "relações sociais de sexo", para usar a expressão paradigmática do pensamento feminista francês dos anos 1980 e 1990. Elas remetem ao conceito fundamental de "divisão sexual do trabalho". Essa divisão é "historicamente adaptada a cada sociedade. Tem por características a destinação prioritária dos homens à esfera produtiva e das mulheres à esfera reprodutora e, simultaneamente, a ocupação pelos homens das funções de forte valor social agregado (políticas, religiosas, militares etc.)".[15] A divisão sexual do trabalho, portanto, funciona "simultaneamente" na esfera profissional e

---

13 O patriarcado comumente designa a autoridade dos pais e, consequentemente, o poder dos homens. Redefinido pelo feminismo materialista, constitui um conceito maior do feminismo. Ver o conceito de "modo de produção familiar" ou "patriarcado": C. Delphy, *L'Ennemi principal I*, op. cit., e *L'Ennemi principal II: Penser le genre*. Paris: Syllepse, 2001.
14 C. Delphy, *L'Ennemi principal I*, op. cit., p. 274.
15 Danièle Kergoat, "Divisão sexual do trabalho e relações sociais de sexo", in Helena Hirata et al. (orgs.), *Dicionário crítico do feminismo*, trad. Vivian Aranha Saboia et al. São Paulo: Editora da Unesp, 2009, p. 67.

na esfera doméstica, onde assistimos à "inserção no trabalho específico das mulheres", que consiste na "disponibilidade permanente do tempo das mulheres a serviço da família",[16] à invisibilização desse trabalho como *trabalho* – fala-se, em vez disso, de "tarefas domésticas a serem *feitas*" – e à sua exploração.

A divisão sexual do trabalho é evidentemente ativa no trabalho intelectual, em especial no trabalho científico. Enquanto as pesquisas feministas da sociologia das ciências analisaram o pequeno número de mulheres nos setores com forte valor agregado, as pesquisas feministas em filosofia das ciências se interessaram mais particularmente pelas implicações epistemológicas dessa divisão. Em certa medida, a divisão sexual do trabalho permite compreender a ausência de ferramentas conceituais capazes de problematizar não apenas a distinção entre o público e o privado, mas também a "evidência" do cotidiano, o "mundo material corriqueiro".[17] Os sujeitos de conhecimento, em sua ampla maioria masculinos, têm uma representação enviesada, parcial, do real. Eles ignoram, desqualificam ou negligenciam completamente grande parte do real, que concerne ao trabalho de reprodução.[18] Essa ausência de produção de fer-

---

[16] Dominique Fougeyrollas-Schwebel, "Trabalho doméstico", in H. Hirata et al. (orgs.), op. cit., p. 256. O trabalho doméstico compreende a reprodução, a criação dos filhos, o cuidado com os ascendentes e descendentes, o trabalho doméstico propriamente dito e a "preocupação" concernente ao trabalho doméstico, ainda que esta última seja minimamente compartilhada.
[17] Dorothy Smith, "Women's Perspective as a Radical Critique of Sociology" [1974] apud María Puig de la Bellacasa, *Think we must: Politiques féministes et construction des savoirs*. Tese de doutorado. Université Libre de Bruxelles, Faculté de Philosophie et Lettres, 2004, p. 191. Trata-se de um estudo de referência em francês sobre essas epistemologias.
[18] Cf. Hilary Rose. *Love, Power and Knowledge*. Bloomington: Indiana University Press, 1994.

ramentas críticas é, portanto, pensada a partir das condições materiais específicas de existência dos sujeitos cognoscentes. Nos primeiros trabalhos de epistemologia feminista, a divisão sexual do trabalho (a atribuição do trabalho de produção aos homens e do trabalho de reprodução às mulheres) reflete o privilégio epistêmico atribuído por representações a uma visão do mundo determinada unicamente pelas condições materiais de existência dos homens. Ora, como escreve María Puig de la Bellacasa: "As condições de vida também são *condições de vista*".[19] Não se trata tanto de um conflito com a realidade prosaica do mundo, mas também com o corpo, situado no centro do trabalho reprodutivo do qual estão liberados: os homens desenvolvem uma visão de mundo que implica a produção de dicotomias hierárquicas (cultura/natureza, razão/corpo, abstrato/concreto, racional/intuitivo, objetivo/subjetivo, pensar/sentir...) e a promoção de uma postura de conhecimento desencarnada. Em outras palavras, de acordo com essa análise, o ideal de neutralidade do trabalho científico é um traço historicamente situado. Para a filósofa Nancy Hartsock, uma das mais importantes feministas materialistas estadunidenses, a "masculinidade abstrata"[20] do sujeito cognoscente concerne também aos filósofos marxistas e explica sua dificuldade em pensar a opressão específica das mulheres, uma vez que a divisão sexual do trabalho sempre foi pensada como "natural". Ora, do mesmo modo que Marx denunciou a pretensa troca "igualitária" que se trama no contrato de trabalho entre o capitalista e o proletário, ado-

19 M. P. de la Bellacasa, *Think we must*, op. cit., p. 190.
20 Nancy Hartsock, "The Feminist Standpoint: Developing the Ground for a Specifically Feminist Historical Materialism" [1983], in Sandra Harding (org.), *The Feminist Standpoint Theory Reader*. New York: Routledge, 2003, p. 44.

tando o ponto de vista dos proletários, isto é, elucidando suas condições materiais de existência, Hartsock tem a ambição de denunciar a pretensa postura ideal do sujeito cognoscente – inclusive do sujeito cognoscente marxista – como uma postura desencarnada, adotando o ponto de vista das feministas, isto é, situando-se a partir das condições materiais de existência das mulheres. Nancy Hartsock[21] desenvolve então o conceito de "posicionamento" ou de "ponto de vista" (*standpoint*). Seguindo Marx, ela pretende criar uma nova figura, um novo personagem entre as *dramatis personae*[22] d'*O capital*. Assim, "a feminista" une-se ao "capitalista" e ao "proletário". Seu projeto epistemológico consiste em valorizar recursos cognitivos invisibilizados e depreciados, determinados por e elaborados a partir das condições materiais de existência das mulheres; consiste, enfim, em transformar sua experiência em saber. Ela atribui, então, um "privilégio epistêmico" a esse posicionamento feminista. Como destaca de maneira muito pertinente María Puig de la Bellacasa, a utilização do termo "feminista" por Hartsock, em vez de "mulheres", dá destaque ao caráter de produto desse posicionamento; isto é, assinala o fato de que se trata de uma posição construída de uma situação vivida, e não de um ponto de vista feminino "essencializado". Consequentemente, trata-se de uma posição política "engajada".

O saber produzido pelo e com base no posicionamento feminista constitui, ao mesmo tempo, um recurso cognitivo e um recurso político. Ele elucida as condições materiais obscurecidas e ignoradas pelo saber dominante. É a partir das condi-

---

21 Ibid., p. 40.
22 Karl Marx, *O capital. Livro I – Crítica da economia política: O processo de produção do capital*, trad. Rubens Enderle. São Paulo: Boitempo, 2013, p. 185.

ções materiais de existência das mulheres, de sua experiência, que o *standpoint* feminista produz um saber que politiza a divisão sexual do trabalho. Por conseguinte, o saber científico, tal como se efetiva, é tão marcado e partidário quanto o saber feminista. A pretensa neutralidade científica é uma postura política. Como escreve Christine Delphy,

> [o] fato de não existir conhecimento neutro é um lugar-comum. Mas, de nosso ponto de vista, essa constatação tem um sentido bastante preciso. Todo conhecimento é produto de uma situação histórica, quer saiba disso ou não. O fato de saber ou não disso faz uma diferença enorme; se não sabe, [o conhecimento] pretende afirmar-se como "neutro", ele nega a história que pretende explicar [...]. Todo conhecimento que não reconhece e não toma como premissa a opressão social nega-a e, como consequência, serve a ela objetivamente.[23]

No entanto, a dimensão crítica das epistemologias do *standpoint* não esgota aí o seu projeto. Tais epistemologias objetivam produzir uma "ciência melhor", valorizando determinados aspectos das experiências das mulheres e esclarecendo as posições / visões de todo sujeito cognoscente. A sua contribuição foi particularmente rica nas ciências biomédicas, na filosofia e nas ciências sociais. A esse respeito, podemos citar os trabalhos da antropóloga francesa Nicole-Claude Mathieu e sua crítica epistemológica dos discursos etnoantropológicos. Ela demonstra o androcentrismo dos estudos de campo e das observações que têm grande dificuldade em reconhecer as mulheres como atrizes sociais, em mensurar e quantificar seu trabalho ou seu gasto de

---

[23] C. Delphy, *L'Ennemi principal I*, op. cit., p. 277.

energia, omitindo inúmeras de suas atividades, naturalizando a divisão sexual do trabalho e desinteressando-se por seu papel ativo nas trocas sociais. Esse androcentrismo "produz simultaneamente cegueiras e empatias entre quem pesquisa e quem é etnologizado".[24] Assim, o desenvolvimento da epistemologia feminista marca certa ruptura com as tentações e as tentativas de algumas feministas de contrabalancear o patriarcado "estrutural" das sociedades mediante a investigação de sociedades matriarcais: o desafio aqui está em que esses contraexemplos poderiam invalidar a crença em uma opressão das mulheres trans-histórica e transversal a toda forma de sociedade. Porém, a questão das estruturas patriarcais das sociedades é, antes de tudo, uma questão epistemológica: a maioria das sociedades observadas e declaradas patriarcais remete a uma metodologia distorcida. Ora, ao objetivar a situação/visão generificada [*genrée*] dos sujeitos cognoscentes, chega-se a uma compreensão melhor, a uma observação mais rigorosa de seus objetos.

Outra ilustração das implicações benéficas das epistemologias do *standpoint* é o que se chama "ética do *care*" na filosofia moral contemporânea. "*Care*" significa cuidado, empatia, sentimento moral de solicitude que é comum se atribuir às mulheres e que seria específico a elas.[25] A princípio elaborada por Carol Gilligan, a noção de ética do *care* permite valorizar

24 N.-C. Mathieu, *L'Anatomie politique*, op. cit., p. 126.
25 O artigo de referência de Carol Gilligan intitula-se "In a Different Voice: Women's Conceptions of Self and of Morality" (*Harvard Educational Review*, v. 47, n. 4, 1977, pp. 481–517). O texto dá origem à publicação de sua obra *In a Different Voice: Psychological Theory and Women's Development* (Cambridge: Harvard University Press, 1982). [Ed. bras.: *Uma voz diferente: Psicologia da diferença entre homens e mulheres da infância à idade adulta*, trad. Nathanael C. Caixeiro. Rio de Janeiro: Rosa dos Tempos, 1982.]

as experiências morais das mulheres, promover determinados tipos de raciocínio moral, "contextual e narrativo", em oposição aos raciocínios "formais e abstratos".[26] O estudo de Gilligan se atém à psicologia do desenvolvimento moral: aborda as teses de Lawrence Kohlberg, que sobressaíam como referências à época. De acordo com Kohlberg, os indivíduos conhecem um desenvolvimento moral que obedece a diferentes estágios, correspondendo a diferentes níveis de raciocínio moral. O último estágio é o que ele chama de "ética da justiça", considerado o ponto de completude do desenvolvimento moral de cada indivíduo.[27] O que incomoda Gilligan é o fato de que, segundo essa teoria, as mulheres aparecem bloqueadas em um nível de desenvolvimento moral inferior ao dos homens. É nessa perspectiva que ela formula a hipótese de que a teoria de Kohlberg é distorcida e elabora sua própria teoria, introduzindo a ideia de uma "ética do *care*" tipicamente feminina, que não tem menos valor do que a "ética da justiça". Baseando-se nos resultados de uma pesquisa de psicologia moral realizada com adolescentes, Carol Gilligan sustenta que os rapazes testemunham uma "ética da justiça" fundada em princípios morais abstratos e universais, enquanto as garotas demonstram muito mais sentimentos morais que giram em torno da solicitude e da empatia. Não obstante, segundo Gilligan, o desenvolvimento sexuado dos sentimentos morais, a partir das condições materiais de vida dos indivíduos, não é hierarquizável. Os sentimentos morais das mulheres não constituem um degrau abaixo de moralidade, mas são, antes, um recurso moral ignorado que poderia reno-

---

26 C. Gilligan, in *A Different Voice*, op. cit., p. 19.
27 Cf. Lawrence Kohlberg, *The Psychology of Moral Development: The Nature and Validity of Moral Stages*. New York: Harper & Row, 1984.

var a filosofia prática. Mais do que uma sensibilidade intuitiva, o *care* é uma verdadeira ética que, longe de estar fundada em princípios ou regras predefinidas, é, boa parte das vezes, determinada pelo trabalho cotidiano realizado tradicionalmente pelas mulheres no âmbito privado, e que remete a uma miríade de gestos e afetos caracterizados pelo cuidado, a compreensão e a preocupação com os outros. Essa problematização dos sentimentos do justo e do injusto é extremamente inovadora na medida em que introduz outra "realidade", outro ponto de vista nos debates filosóficos contemporâneos relativos aos julgamentos morais. Como eu disse em outros momentos, também é filosoficamente criticável quando se incorre em uma forma de naturalismo moral que essencializa a disposição feminina para o *care* e, mais ainda, quando não se questiona a divisão sexual do trabalho doméstico *entre as próprias mulheres*. Sabendo que as mulheres das classes populares e/ou racializadas e migrantes são prioritariamente designadas para o trabalho de reprodução, pergunta-se: quem cuida da sua casa, lava sua louça e suas roupas e libera tempo para que você possa cuidar dos seus filhos ou dos seus parentes?[28] Dito isso, os trabalhos sobre o *care* inaugurados por Gilligan, tal como retomados por Susan Moller Okin ou Joan Tronto em particular, permitem reexaminar as teorias da justiça à luz de uma divisão do trabalho que induz diferenças éticas, mas permitem também reforçar e enriquecer teoricamente as filosofias da justiça.[29] Não se trata tanto de atribuir um "lugar" para a sensibilidade ou o sentimento feminino na

---

[28] Cf. E. Dorlin, "Dark care: De La Servitude à la sollicitude", in Sandra Laugier e Patricia Paperman (orgs.), *Le Souci des autres: Éthique et politique du care*. Paris: Ehess, 2006.

[29] S. Laugier e P. Paperman (orgs.), ibid. Volume no qual foram traduzidos artigos de Susan Moller Okin e de Joan Tronto.

teoria ética, e sim de repensar as próprias estruturas da ética a partir de uma visão, de uma posição de *caring*. No entanto, não se trata igualmente de opor a autoridade de nossas práticas cotidianas à teoria: "A normatividade não é negada, mas novamente tecida na tessitura da vida".[30]

O que é a objetividade na ciência?

A aplicação das epistemologias do *standpoint* às ciências biomédicas constitui um ponto de virada na elaboração do projeto epistemológico feminista. A partir dos anos 1980, cientistas, filósofo•a•s, biólogo•a•s ou sociólogo•a•s das ciências desenvolveram minuciosamente uma crítica aos postulados de sua própria disciplina. Inspirando-se nas primeiras formulações dessas epistemologias, desenvolvendo-as ou delas se diferenciando, todas essas críticas contribuíram, de modos singulares, para o projeto de uma "melhor ciência". O ponto em comum entre elas é que seu projeto se diferencia de uma crítica que considera a ciência, ou mais amplamente a racionalidade, como algo por definição "falogocêntrico",[31] em razão dos acentos essencialistas de tal posição. Assim, respondendo uma a uma às objeções de militância, de subjetivismo ou de relativismo que lhes eram dirigidas, o conjunto desses trabalhos contribuiu para a reformulação e mesmo para a refundação do conceito de objetividade científica.

[30] S. Laugier, "Care et perception", in S. Laugier e P. Paperman (orgs.), ibid., p. 328.
[31] Cf. L. Irigaray e também o artigo de Susan Bordo, "The Cartesian Masculinization of Thought", in Jean O'Barr e Sandra Harding, *Sex and Scientific Inquiry*. Chicago: University of Chicago Press, 1986.

De acordo com a física e filósofa das ciências estadunidense Evelyn Fox Keller,

> cientistas adoram pensar que são *experts* no que constitui a natureza do ato da ciência – isto é, na significação da objetividade, no fundamento das reivindicações científicas, no *status* da ciência na sociedade e, assim, no modo como a ciência funciona. Mas, ao longo dos últimos trinta ou quarenta anos, nossa compreensão da atividade científica sofreu uma revolução pouco tranquila [...]. No centro dessa revolução, as feministas introduziram um conjunto específico de questões concernentes à influência das ideologias relativas ao gênero na história das ciências.[32]

Evelyn Fox Keller se interessa, muito particularmente, pelo que chama de "trabalho simbólico do gênero" e, sobretudo, pelo papel das metáforas generificadas na linguagem científica e pela própria atividade científica. Essas pesquisas levaram-na a utilizar o conceito de gênero, tal como desenvolvido pela teoria feminista, na história e na filosofia das ciências: assim, ela pôde demonstrar como tais metáforas constituíam um obstáculo à compreensão de fenômenos como a fertilização. Até os anos 1980, a fertilização era "objetivamente" descrita como um processo centrado na atividade do espermatozoide, que *perfura a membrana do ovócito, penetra o ovócito, libera seus genes, ativa o programa de desenvolvimento*, em oposição ao ovócito, *passivamente transportado, deixando-se deslizar, ser atacado, penetrado e fertilizado*. Essa metáfora generificada,

---

[32] Evelyn Fox Keller, "Histoire d'une trajectoire de recherche", in Delphine Gardey e Ilana Löwy, *L'Invention du naturel*. Paris: Éditions des Archives Contemporaines, 2000, p. 45. Ver também o importante livro de Ruth Bleier, *Science and Gender*. New York: Pergamon, 1984.

produzida e determinada por crenças culturais e sociais, orientou as pesquisas sobre os elementos que podem corroborar a atividade dos espermatozoides, em detrimento da atividade do ovócito, completamente ignorada.[33] Além disso, Fox Keller mostra a contribuição de uma perspectiva feminista para a filosofia e a história das ciências, baseando-se no exemplo do "discurso sobre a ação do gene" do início do século xx. Tal perspectiva permite, por exemplo, reexaminar a emergência desse discurso à luz de um "*putsch*" da genética emergente, eclipsando a embriologia e suspendendo, por algumas décadas, as pesquisas sobre o papel desempenhado pelas estruturas citoplasmáticas do ovócito antes da fertilização. Essas pesquisas foram iniciadas nos anos 1970 por Christiane Nüsslein-Volhard, mas já eram tecnicamente possíveis desde os anos 1930.[34] O objetivo de Fox Keller é mostrar que os estudos feministas das ciências não são, portanto, uma "anticiência", como se costuma pensar; ao contrário, participam da elaboração de uma ciência mais "objetiva".

É esse conceito de objetividade que está no coração da filosofia empirista de Sandra Harding. Seus trabalhos representam a tentativa mais ambiciosa de refundação epistemológica das ciências por uma perspectiva feminista. Herdeira das primeiras epistemologias do posicionamento ou do ponto de vista, Harding elaborou um novo conceito de objetividade, que ela chama de "objetividade forte" (*strong objectivity*). Seu conceito lhe permite responder a uma série de críticas dirigidas às epistemologias do *standpoint*, rejeitando-as por seu

---

33 Cf. Emily Martin, "The Egg and the Sperm: How Science Has Constructed a Romance Based on Stereotypical Male-Female Roles". *Signs*, n. 3, 1991.
34 E. Fox Keller, "Histoire d'une trajectoire de recherche", op. cit., p. 52.

subjetivismo ou seu relativismo. De fato, a ideia de posicionamento poderia levar a crer que a ciência não é senão um conjunto de pontos de vista fragmentários e situados sobre o real. Harding retoma quase todos os princípios desenvolvidos por Nancy Hartsock: a produção de uma teoria com base nas vivências das mulheres, o privilégio epistêmico concedido aos pontos de vista minoritários e minorizados, o caráter situado e parcial (nos dois sentidos da palavra) da ciência dominante, a imbricação entre saber/poder, a ideia de que as produções científicas não estão fora do mundo social, de que são, afinal, políticas. A teórica afirma: "Não precisamos de descrições *menos* objetivas e não precisamos de descrições *subjetivas*. O problema é que *tivemos* descrições subjetivas ou, pode-se dizer, etnocêntricas".[35] Isso implica duas coisas. Por um lado, que uma verdadeira objetividade em ciência requer que os posicionamentos políticos dos cientistas sejam "conscientes e explícitos quanto ao seu caráter histórico e socialmente situado".[36] Em outras palavras, trata-se de objetivar o sujeito cognoscente. Como escreve Sandra Harding, uma "'objetividade forte' exige que cientistas façam descrições e explanações críticas do sujeito do conhecimento científico – a comunidade científica, em sentido amplo, com toda a sua produção de problemas científicos – do mesmo modo como os sociólogos fazem com os objetos de suas pesquisas".[37]

---

35 Sandra Harding, "Starting from Marginalized Lives: A Conversation with Sandra Harding" (1995) apud M. P. de la Bellacasa, *Think we must*, op. cit., p. 211.
36 Ibid.
37 S. Harding, *The "Racial" Economy of Science*. Bloomington: Indiana University Press, 1993, p. 19.

Donna Haraway, outra figura importante das epistemologias do *standpoint*, acrescentará que também é preciso aceitar a capacidade de agir dos objetos de conhecimento: "Saberes localizados requerem que o objeto do conhecimento seja visto como um ator e agente, não como uma tela, ou um terreno, ou um recurso".[38] Não se trata apenas de uma regra de respeito em relação aos objetos animados das ciências, mas de um pré-requisito epistemológico que funda uma *visão*, um modo de ver o real.

Por outro lado, é preciso admitir que os posicionamentos de cientistas não são todos igualmente válidos, isto é, igualmente "objetivos"; apenas aqueles que respondem às exigências de uma ciência democrática o são. Assim, Sandra Harding considera que "é errado pensar que o método científico requer a eliminação de todos os valores sociais do processo científico".[39] Em outras palavras, Harding funda a objetividade científica em uma definição da democracia de fato antissexista e antirracista, considerando que o funcionamento rotineiro da ciência repousa em um *status quo* mantido por uma elite, em uma "matriz de privilégios"[40] de classe, de gênero e de "raça". Desse modo, qualquer pessoa que deseja abalar o *status quo* a que está submetida se encontra em melhores condições de produzir pontos de vista e saberes fortemente objetivos. Sandra Harding considera que as democracias participativas, ao

---

38 Donna Haraway, "Saberes localizados: A questão da ciência para o feminismo e o privilégio da perspectiva parcial". *Cadernos Pagu*, n. 5, Campinas, 2009, p. 36.
39 S. Harding, *The "Racial" Economy of Science*, op. cit., p. 19.
40 Ibid., p. 11. Isso levará Donna Haraway a afirmar que o problema talvez seja muito mais ético e político do que propriamente epistemológico em *Simians, Cyborgs and Women* (New York: Routledge, 1991).

desenvolverem pontos de vista sobre a realidade em maior número, produzem ciências melhores; isso a distingue também de uma posição relativista, na medida em que pensa em termos de progresso científico.[41] Ora, um dos meios para chegar a essa democracia intelectual consiste em prestar atenção sistematicamente aos pontos de vista marginais (*outsiders*), que permitem esclarecer os valores sociais e os interesses – políticos, econômicos, institucionais – de quem está no coração da comunidade científica. São esses interesses e valores sociais – sexismo e racismo institucionalizados, por exemplo – que permanecem invisíveis se nos prendermos a uma objetividade compreendida como "neutralidade". Para essa concepção de objetividade "neutra", fundada em referência à ciência física, apenas membros da comunidade científica reconhecidos como competentes estão "qualificados para identificar, levar em conta ou eliminar os preconceitos, os traços de valores sociais e os interesses que poderiam afetar a pesquisa e seus resultados".[42] Ao contrário, o conceito de "objetividade forte" tem dois princípios: um princípio de estranheza (partir das posições minoritárias) – "Pensar a partir da perspectiva da vida das mulheres torna estranho o que parecia familiar: o começo de toda pesquisa científica"[43] – e um princípio de "reflexividade"[44] (processo de objetivação do sujeito cognoscente). Sandra Harding propõe, assim, fazer da "objetividade forte" um programa, uma diretriz epistemológica para *todas* as ciências. Se essa posição talvez faça menos sentido na fí-

---

[41] M. P. de la Bellacasa, *Think we must*, op. cit., p. 237.
[42] Ibid., p. 213.
[43] S. Harding, *Whose Science? Whose Knowledge* [1991] apud M. P. de la Bellacasa, ibid., p. 216.
[44] Ibid.

sica de partículas do que na ciência ambiental, ela contribuiu, não obstante, no seio das ciências biomédicas, para a crítica de certo número de preconceitos, bem como para a reformulação de certo número de postulados relativos à conceituação contemporânea do sexo biológico.

HISTORICIDADE DO SEXO

> Nas ciências exatas, assim como na arte e na vida, não existe outra fidelidade à natureza senão a fidelidade à cultura.
> LUDWIG FLECK, *Gênese e desenvolvimento de um fato científico*, 1935.

Arqueologia do gênero

O conceito de gênero não foi "inventado" pelo saber feminista. Ele foi elaborado por equipes médicas que, durante a primeira metade do século XX, encarregaram-se das crianças recém-nascidas nomeadas "hermafroditas" ou *intersexo*.[1] Foram os médicos comprometidos com o "tratamento" – sobretudo hormonal e cirúrgico – da intersexualidade, isto é, com os protocolos de redesignação de sexo, que definiram o que inicialmente foi chamado de "papel de gênero".

Para esses médicos, o desafio era redesignar um "sexo" a uma criança que testemunhava uma ambiguidade sexual desde o nascimento. O problema não é que o corpo não tem sexo ou

---

[1] Cf. Elsa Dorlin, "Hermaphrodismes", in Dominique Lecourt (org.), *Dictionnaire de la pensée médicale*. Paris: PUF, 2004, pp. 568–71. Para saber mais, é possível consultar o site oficial da Organização Internacional Intersexo, disponível em oii-france.blogspot.com.

não é *sexuado* – ele, de fato, é; o problema não é que o processo físico-anatômico da sexuação *não* funcionou – ele funcionou; o problema, para os médicos, é que ele funcionou *mal*, isto é, não originou uma identidade sexual identificável como "macho" ou "fêmea". Nesse sentido, a intervenção consiste em modificar os corpos intersexo para lhes designar não um sexo (afinal, eles já têm um), mas o sexo *correto*. Graças às operações cirúrgicas, aos tratamentos hormonais, ao acompanhamento psicológico, o "sexo correto" consiste essencialmente em um aparelho genital macho ou fêmea "plausível", em um comportamento sexual "coerente", a começar pelo comportamento sexual que deve ser "normalmente" heterossexual. Ora, é precisamente diante do "êxito" de tais procedimentos de redesignação que alguns especialistas da intersexualidade serão levados a considerar que o sexo biológico (em particular, no caso das crianças intersexo, mas também no que concerne aos indivíduos de modo geral) é um fato relativamente flexível, aleatório e pouco restritivo em matéria de identidade sexual, isto é, de papéis de gênero e comportamentos sexuais.

Nos anos 1950 nos Estados Unidos, John Money, que se tornaria um dos mais poderosos especialistas em intersexualidade, declara: "O comportamento sexual ou a orientação para sexo macho ou para sexo fêmea não tem um fundamento inato".[2] O termo "gênero" logo será popularizado pelo psiquiatra Robert Stoller, que, em 1954, funda a Gender Identity Research Clinic.[3]

---

2 John Money, *Hermaphroditism: an Inquiry into the Nature of a Human Paradox.* Harvard University [1952] apud Anne Fausto-Sterling, *Sexing the Body.* New York: Basic Books, 2000, p. 46.
3 Cf. J. Money e Anke A. Ehrhardt, *Man & Woman, Boy & Girl: the Differentiation and Dimorphism of Gender Identity from Conception to Maturity.* Baltimore: Johns Hopkins University Press, 1972.

Em 1955, Stoller propõe a distinção entre sexo biológico e identidade sexual (o fato de se perceber homem ou mulher e de se comportar de acordo com essa percepção), distinção que será retomada em 1968 em termos de "sexo" e "gênero".[4] Alguns anos mais tarde, foi a vez de John Money publicar, com Anke Ehrhardt, *Man & Woman, Boy & Girl* [Homem e mulher, menino e menina]. A obra suscitou diversas polêmicas, pois Money relata o caso de um garotinho de dois anos tratado no hospital da Johns Hopkins University com os métodos utilizados em casos de intersexualidade. No entanto, essa criança não fora diagnosticada como "intersexo". O nascimento do conceito de gênero está estreitamente ligado à história de Bruce / Brenda. Após um acidente no processo de circuncisão aos nove meses de idade, que deixara Bruce sem pênis, seus pais recorreram a Money. À época, este considerou que a melhor solução era "redesignar" sexualmente a criança, tornando-a uma menina. Um menino "biológico" afinal não pode ter uma identidade sexual "normal" sem pênis. Após uma castração e um tratamento hormonal, Bruce torna-se então Brenda, pouco antes de seus três anos. Na realidade, Money utilizou Bruce / Brenda como cobaia. Ele operou uma mudança de sexo em um indivíduo considerado "biologicamente normal" – as pessoas intersexo eram consideradas "biologicamente anormais" – em razão de uma "anomalia genital", isto é, da indefinição de seu sexo, delimitado como "sexo macho" ou "sexo fêmea". De fato, Money realizou em Bruce uma das primeiras operações no âmbito do que se tornaria, alguns anos mais tarde, o tratamento médico da transexualidade. Para ele, a experiência realizada nessa criança deveria "demonstrar

---

[4] Cf. Robert Stoller, *Sex and Gender: on the Development of Masculinity and Femininity*. New York: Science House, 1968.

a flexibilidade da divisão sexo/gênero".[5] Em outras palavras, o sexo biológico não determina a identidade sexual dos indivíduos (de gênero e de sexualidade); essa identidade é *reconstruível* e, consequentemente, *construível*, determinável por meio de uma intervenção técnica exógena. De fato, John Money é, por um lado, relativamente indiferente ao processo biológico de sexuação: o biológico só o interessa na medida em que testemunha uma plasticidade efetiva. Por outro, o que ele busca preservar é a binariedade da identidade sexual. No fundo, o que comumente chamamos de "sexo biológico" remete muito mais a papéis e comportamentos sexuais do que a um processo biológico de sexuação. As motivações de Money mostram que o que chamamos de "sexo" – biológico, estável, evidente – sempre comporta um excedente em relação à sexuação dos corpos. O que chamamos então de "sexo dos indivíduos", isto é, a bicategorização sexual dos indivíduos em "machos" e "fêmeas", seria muito mais o resultado de fatores exógenos do que de uma determinação endógena. Isso coloca em questão não apenas a causalidade "natural" do sexo (macho e fêmea) em relação ao gênero (homem e mulher) e à sexualidade (heterossexualidade), defendida pela maioria dos escritos médicos do século XIX,[6] mas a nossa própria definição de sexo biológico.

A primeira ocorrência do termo "heterossexual" aparece no fim do século XIX para designar o que à época era considerado uma perversão sexual: a bissexualidade (atração sexual

---

[5] Ilana Löwy, "Intersexe et transsexualités: Les Technologies de la médecine et la séparation du sexe biologique du sexe social". *Les Cahiers du Genre*, n. 34, 2003, p. 91.
[6] Cf. Jonathan Ned Katz, *L'Invention de l'hétérosexualite*. Paris: Epel, 2001.

pelos dois sexos).[7] Em 1895, quando aparece a tradução francesa da obra de referência do doutor vienense Richard von Krafft-Ebing, *Psychopathia Sexualis*,[8] o termo "heterossexual" designa o contrário do "instinto sexual patológico", isto é, o instinto sexual cuja finalidade é a procriação. A finalidade procriadora permanece inconsciente no ato sexual, mas ela permite distinguir o ato sexual "desviante", "patológico", do ato sexual "natural", "normal", assim como as personalidades que lhes são associadas. Todas as "patologias" sexuais, a começar pela homossexualidade – mas também as patologias heterossexuais, como o fetichismo ou qualquer ato não procriador, por exemplo –, serão definidas como uma perversão do instinto sexual, ou mesmo como uma inversão da identidade sexual. Doravante, a heterossexualidade designa exclusivamente, e de forma duradoura, a heterossexualização do desejo erótico e a predisposição à reprodução. A heterossexualidade tem como postulado, portanto, a diferença sexual. Com os trabalhos de Krafft-Ebing, o pensamento médico passa a incluir no sexo biológico os processos de sexuação, a procriação (os órgãos reprodutivos macho e fêmea) e a sexualidade. A sexuação não é, portanto, a totalidade do "sexo": na definição comum de "sexo biológico", a anatomia nunca aparece sozinha. Em outras palavras, sempre está presente, no que comumente compreendemos como "sexo biológico" dos indivíduos, *gênero* e traços de uma gestão social da reprodução, isto é, uma identidade sexual (de gênero e de sexualidade) imposta, designada.

---

[7] Ibid., pp. 26–27.
[8] Richard Von Krafft-Ebing, *Psychopathia Sexualis* [1886], trad. Claudia Berliner. São Paulo: WMF Martins Fontes, 2001.

Em 1972, a socióloga britânica Ann Oakley publica *Sex, Gender and Society*,[9] obra na qual distingue o *sexo* do *gênero* e que marca a emergência do conceito de gênero na teoria feminista. Para distinguir o sexo do gênero, Ann Oakley baseia-se precisamente nas pesquisas desenvolvidas por Money e Stoller, que ela primeiro acolhe para depois radicalizá-las. Como escreve Ilana Löwy a respeito do vínculo estreito entre os trabalhos sobre intersexualidade e as primeiras teorizações feministas do gênero, as "pesquisas sobre os indivíduos 'intersexo', bem como sobre os fenômenos de transexualidade, demonstram que nem o desejo sexual, nem o comportamento sexual, nem a identidade de gênero depende das estruturas anatômicas, dos cromossomos ou dos hormônios. Daí a arbitrariedade dos papéis sexuais".[10] A partir dessa primeira elaboração, o conceito de gênero foi utilizado nas ciências sociais para definir as identidades, os papéis (tarefas e funções), os valores, as representações ou os atributos simbólicos, femininos e masculinos, como produtos de uma socialização dos indivíduos, e não como os efeitos de uma "natureza". Assim, a distinção entre sexo e gênero permitiu romper com a relação de causalidade comumente suposta entre os corpos sexuados e, mais amplamente, com a ordem "natural" ou biológica, por um lado, e com as relações sociais desiguais entre homens e mulheres, por outro.

Todavia, a distinção entre sexo e gênero, tal como foi desenvolvida em muitos trabalhos, tende a esquecer a arqueologia do gênero. Uma das armadilhas dessa distinção, como frequentemente se difunde, é incluir no conceito de gênero todas as ques-

9 Cf. Ann Oakley, *Sex, Gender and Society.* London: Harper Colophon Books, 1972.
10 I. Löwy, "Intersexe et transsexualités", op. cit., p. 96.

tões relativas à construção social do feminino e do masculino, enquanto o sexo biológico permanece uma entidade a-histórica. Um amplo debate iniciou-se nos estudos feministas contra essa utilização do conceito de *genre* (gênero), o que retardou, na França, a adesão, a tradução e a utilização do conceito de *gender*. Colette Guillaumin já observava, em 1984, essa naturalização secundária do sexo que o gênero escondia: "A introdução do *gênero* nas ciências humanas responde a uma política: apresentar os traços do gênero como simbólicos ou arbitrários, deixando para o sexo anatômico o papel de real incontornável. Os precedentes desse tipo de operação (como a tentativa de substituir "raça" por "etnia") indicam, pelo menos, sua ambiguidade".[11]

A distinção entre sexo e gênero encontra assim seu limite pelo fato de que a desnaturalização dos atributos do feminino e do masculino tem, ao mesmo tempo, redelimitado e, com isso, reafirmado as fronteiras da natureza. Ao desnaturalizar o gênero, reificou-se também a naturalidade do sexo. Ao priorizar a distinção entre sexo e gênero, negligenciou-se por completo a distinção entre "sexuação" e "sexo", entre um processo biológico e sua redução conceitual aos sexos "macho" e "fêmea", o que consiste na naturalização de uma relação social.

A partir do fim dos anos 1980, levando em conta essa crítica, muitas pesquisas no âmbito da história, da sociologia e da filosofia das ciências concentraram-se no sexo biológico e conceberam uma nova conceituação do gênero. Pouco a pouco,

---

[11] Apud Nicole-Claude Mathiey, "Les Transgressions du sexe et du genre", in Marie-Claude Hurtig et al. (orgs.), *Sexe et genre*. Paris: CNRS, 1991, p. 79. Ver também Nelly Oudshoorn, "Au Sujet des corps, des techniques et des féminismes", in D. Gardey e I. Löwy (orgs.), *L'Invention du naturel*, op. cit.

a evidenciação da historicidade do sexo[12] abalou a ideia de que existem categorias naturais, tais como "macho" ou "fêmea", que nós apenas registramos, identificamos ou reconhecemos.[13] Segundo essa perspectiva, o gênero não é mais pensado como o "conteúdo" cambiante de um "recipiente" imutável, que seria o sexo, mas como um conceito crítico, uma "categoria de análise histórica",[14] que suscita "uma abordagem deliberadamente agnóstica que suspende de maneira provisória o que 'já se sabe': o fato de que *há dois sexos*".[15] Essas pesquisas engajaram-se em duas abordagens complementares: um trabalho de historicização das representações, das definições e das conceituações do "sexo" e um trabalho de problematização do conceito científico de sexo e de suas aplicações biomédicas.

A história das definições do sexo é a ilustração perfeita da história social e política de uma crise científica, entendida como o ponto crítico que uma teoria atinge quando se torna incapaz de explicar um fenômeno. Desde o século XVII, o "sexo" foi definido de acordo com um modelo bicategorial, com a ajuda de diferentes campos conceituais: a fisiopatologia do temperamento, a anatomia dos aparelhos genitais e, em seguida, das gônadas (os testículos ou os ovários), a informação hormonal (hormônios ditos "femininos" e "masculinos") e a genética (os cromossomos

---

12 Cf. Thomas Laqueur, *La Fabrique du sexe*. Paris: Gallimard, 1992.
13 Cf. Marie-Claude Hurtig e Marie-France Pichevin, "Catégorisation de sexe et perception d'autrui", in M.-C. Hurtig et al. *Sexe et genre*, op. cit.
14 Joan W. Scott, "Genre: une catégorie utile d'analyse historique". *Les Cahiers du Grif*, n. 37–38, 1988, pp. 125–53.
15 Eleni Varikas, "Conclusion", in Dominique Fougeyrollas-Schwebel et al. (orgs.), *Le Genre comme catégorie d'analyse*. Paris: L'Harmattan, 2003, p. 206. Ver também Cynthia Kraus, "Avarice épistémique et économie de la connaissance: Le Pas Rien du constructivisme social", in Hélène Rouch et al. (orgs.), *Le Corps, entre sexe et genre*. Paris: L'Harmattan, 2005.

xx, xy). Trata-se das quatro grandes definições da bicategorização sexual: o sexo humoral, o sexo gonadal, o sexo hormonal e o sexo cromossômico. O temperamento, as gônadas, os hormônios e os cromossomos foram então, de maneira alternada, considerados o fundamento da distinção entre "machos" e "fêmeas". Mas as quatro definições, tais como historicamente elaboradas, esbarraram todas na impossibilidade de redução do processo de sexuação biológica a duas categorias de sexo absolutamente distintas. Nesse sentido, é possível definir a bicategorização sexual como um "obstáculo epistemológico" à compreensão científica do "sexo" como um processo complexo de sexuação, irredutível a duas categorias de sexo. Considerada um "obstáculo epistemológico", a bicategorização sexual assemelha-se a uma substância: os fenômenos de sexuação são concebidos como "o sinal de uma propriedade substancial",[16] intimamente oculto no interior do corpo: o sexo feminino e o sexo masculino. Foi abandonando esse substancialismo que as pesquisas atuais sobre a sexuação chegaram a uma definição científica do sexo. As pesquisas desenvolvidas pela bióloga Anne Fausto-Sterling, professora do departamento de biologia molecular e celular na Brown University e especialista em teoria feminista, mostram, por exemplo, que a classificação dos fenômenos de sexuação em dois sexos é errônea. Isso não significa que toda classificação é impossível, mas que, se levarmos em conta o conjunto dos níveis de sexuação (físico, anatômico, cromossômico), existe muito mais do que dois sexos (masculino / feminino).[17]

---

16 Gaston Bachelard, *La Formation de l'esprit scientifique*. Paris: Vrin, 1938, p. 99.
17 Cf. A. Fausto-Sterling, *Sexing the Body*, op. cit.

O sexo (M / F): um obstáculo epistemológico

Pode-se considerar que a epistemologia racionalista do "sexo", tal como poderia ser elaborada com base no modelo de uma filosofia das ciências ao modo de um Bachelard, é particularmente heurística naquilo que permite pensar – a historicidade teórica e científica do "sexo", que faz da bicategorização um verdadeiro "obstáculo epistemológico" (o substancialismo) que as teorias da sexuação tiveram de superar progressivamente –, mas também naquilo que não consegue explicar: a persistência de uma crença e de uma prática científicas que contradizem a própria racionalidade da teoria da qual, todavia, afirmam ser a aplicação. Pois, como explicar que os médicos continuem intervindo nos corpos das crianças intersexo com o objetivo de preservar e reificar certa aceitação normativa das identidades sexuais? "Mesmo quando combatida, as pessoas crescem com a problemática levantada por tal posição, que, circulando na sociedade, acaba sendo socialmente fortalecida. Ela se transforma numa realidade evidente, que, por sua vez, gera novos atos de conhecimento."[18]

É, de fato, essa distorção – ou essa contradição interna – entre crença/prática e teoria médicas que parece apresentar um verdadeiro problema epistemológico. E, mais do que abandoná-lo, afirmando que se trata de uma reminiscência de pré-noções e pré-julgamentos, não seria preciso enfrentar a dificuldade e interrogar mais uma vez nossa abordagem epistemológica da *crise*? Assim, na história das ciências, teríamos não dois, mas três tipos de crise: as crises ligadas às rupturas entre a ideolo-

---

[18] L. Fleck, *Gênese e desenvolvimento de um fato científico*, trad. Georg Otte e Mariana Oliveira. Belo Horizonte: Fabrefactum, 2010, p. 80.

gia predominante e a cientificidade nascente, as crises ligadas às reformulações teóricas da ciência e aquelas relacionadas a um *status quo*, que tornam a situação crítica um regime quase permanente. Em outras palavras, tudo se passa como se, uma vez superados todos os "obstáculos epistemológicos" relativos a uma psicologia do conhecimento, nos encontrássemos diante de outro tipo de obstáculo, que instaura uma situação de crise não transitória, mas crônica. Poderíamos então nos perguntar em que medida um conhecimento científico pode ter interesse em sustentar a crise de seu próprio sistema, de seus próprios fundamentos ou princípios. Uma crise de definição – neste caso, relativa à definição de sexuação dos corpos – poderia desempenhar outra função que não a que lhe é comumente associada (a saber, a de um fator de desestabilização ou de provação teórica)? Em que medida, de modo contrário, a situação de crise poderia funcionar como um fator de relativa estabilidade? Em que medida, e em quais condições, a crise, longe de abalar um sistema de categorias, pode garantir a sua perenidade?

Voltemos a essa distorção crítica entre sexuação e bicategorização, particularmente problemática no que concerne ao pensamento médico. Para tanto, revela-se determinante a análise dos procedimentos definidos pelos protocolos estadunidenses ou europeus, implementados no âmbito do nascimento das crianças que apresentam "ambiguidade genital", que torna delicada ou difícil a designação de um sexo. No caso das crianças intersexo, a ambiguidade sexual reside, principalmente, nos desenvolvimentos hormonais considerados "anormais" ou nas combinações cromossômicas raríssimas. Essas crianças representam cerca de 2% dos nascimentos. Ora, a intersexualidade perturba a causalidade do sexo biológico a um ponto tal que os protocolos de tratamento, notadamente sob a influência de John Money nos Estados Unidos, concentram-se doravante no que Money definiu como "gênero", isto é, como os padrões relativos à identidade sexual socialmente definida, a fim de normalizar os corpos. O *gênero* se torna, nessas condições, o fundamento último do sexo, entendido como a bicategorização sexual dos indivíduos.

Quando uma criança nasce com uma anatomia genital julgada inabitual, uma equipe de especialistas (geralmente composto de cirurgiões plásticos, urologistas, endocrinologistas, psicólogos e assistentes sociais) decide, normalmente dentro de 48 horas, acerca da necessidade e das modalidades de intervenção cirúrgica e dos tratamentos hormonais, de acordo com o gênero ao qual se assemelham, de forma mais *crível*, os órgãos genitais da criança. Decerto, o cariótipo (46 XX ou XY) permanece um critério de escolha, mas isso se torna problemático quando uma criança apresenta um cariótipo XX e um pênis "aparentemente normal", ou um cariótipo XY e um pênis julgado "anormal" ou mesmo um clitóris. Se é tecnicamente possível fazer uma vagina em qualquer indivíduo, um pênis funcional, por sua vez, é tecnicamente mais complicado. A técnica médica que transforma um micropênis em uma vagina consiste em esvaziar o corpo cavernoso do pênis e inverter o tecido fálico. A maioria das intervenções cirúrgicas no âmbito dos protocolos de "redesignação" tem, pois, como critérios últimos, o tamanho do pênis ou do clitóris (acima de 2,5 centímetros, tenta-se "fabricar" um pênis; abaixo dessa medida, uma vagina e um clitóris), a vagina apta à penetração e a possibilidade de urinar em posição feminina ou masculina (sentada ou em pé). A penetração é o único critério de uma vagina bem-sucedida; a amplitude da abertura, a lubrificação e a sensibilidade orgástica não são prioridades, enquanto o pênis bem-sucedido deve estar apto à ereção e ter um tamanho aceitável para os cânones da virilidade. Além disso, no caso das crianças recém-nascidas que apresentam o que se chama de hipertrofia do clitóris, ou seja, aquelas que têm um clitóris que não corresponde aos cânones socialmente admitidos da genitalidade feminina, e que pode estar acompanhado de anomalias vulvovaginais (lábios que permanecem mais ou menos colados), a solução comumente admitida foi, por muito tempo, a clitoridectomia total. Em nome de uma normatividade social em matéria de identidade sexual (de gênero e de sexualidade), a medicina procedeu, assim, com a remoção de todo o órgão do clitóris, ou seja, realizando cirurgias estéticas que suprimiam qualquer possibilidade de orgasmo em indivíduos sãos. Atualmente, mesmo que mutilações do clitóris ainda sejam praticadas, os médicos realizam uma clitoridoplastia. Contudo, essas operações, como a maioria dos protocolos em matéria de intersexualidade, permanecem exclusivamente fundadas em uma norma social.

Como expressar mais claramente que a vagina, o pênis, os lábios e o clitóris não fundam nenhuma bicategorização sexual "biológica", já que a definição de sua funcionalidade obedece tão somente às prerrogativas heterossexistas do gênero? A identidade cromossômica ou as gônadas não são a causa última do sexo (macho/fêmea), mas fatores determinantes na escolha da identidade sexual (de gênero e de sexualidade). Sendo indícios importantes para a antecipação da evolução possível da sexuação na puberdade, há também um superinvestimento neles por parte dos pais, desconcertados e inquietos diante da ambiguidade sexual de suas crianças e das consequências psicológicas e sociais que dela decorrem. No entanto, essas consequências continuam a ser difíceis de medir entre os diversos traumas das crianças quando se tornam adolescentes ou adultas. Para muitas, mesmo fruto de decisões, as operações tardias ou repetitivas constituem uma violência sem precedentes: toda redesignação implica sistematicamente operações ablativas consideradas "preventivas" (histerectomia: remoção do útero; mastectomia: remoção das glândulas mamárias; condrolaringoplastia: remoção do pomo de adão; orquiectomia: remoção de um testículo), sabendo que os tratamentos hormonais que acompanham essas operações são suscetíveis de provocar cânceres. A pretensa reconstrução do "verdadeiro" sexo (macho ou fêmea) é ainda mais custosa, uma vez que se funda por fim na arbitrariedade do gênero, e nunca apaga completamente os traços da singularidade de uma conformação sexuada, entre tantas outras possíveis.

"O gênero precede o sexo..."[19]

O fato de a relação de gênero ser utilizada como o fundamento último da bicategorização sexual – sexo (macho / fêmea) –, conforme evidenciam os protocolos de redesignação de sexo efetivados nas crianças intersexo desde sua elaboração nos anos 1950, mostra que a norma é exibida em toda a sua dimensão social e histórica, expondo-se à contestação. O risco, porém, é inevitável: ou se aceita que não há critério infalível fundado na natureza, ou seja, todos os critérios ditos "naturais" do sexo (macho / fêmea) são falíveis e aproximativos, ou se escolhe um critério social infalível, mas cujo valor normativo é consideravelmente enfraquecido em razão de seu caráter social e, portanto, convencional ou mesmo arbitrário.

[19] C. Delphy, "Penser le genre", in *L'Ennemi principal II*, op. cit., p. 251.

Assim, em 1995, um estudo é conduzido por uma equipe de médicos alemães, publicado no respeitado *Journal of Urology*.[20] Realizado com quinhentos homens genitalmente "normais" – isto é, declarados machos no nascimento e vivendo plenamente como homens – que tiveram uma passagem pelo hospital entre novembro de 1993 e setembro de 1994 para um tratamento benigno na uretra ou por conta de um câncer superficial na vesícula, sem necessidade de intervenção cirúrgica, o estudo mostra que 275 deles, ou seja, 55% dos homens, podiam ser classificados como "normais" de acordo com os critérios médicos de normalidade peniana aplicados às crianças intersexo. Os demais, ou seja, 45% dos homens, apresentaram diferentes características anatômicas ou fisiológicas que podem significar, no âmbito dos critérios aplicados às crianças intersexo, identidade sexual ambígua. Entre outras características, podemos citar o que os especialistas em intersexualidade chamam de hipospadia ou *hypospadia*, isto é, uma configuração anormal do canal da uretra (a abertura do canal, chamada no homem de "orifício externo da uretra", que pode se localizar em uma linha que vai da extremidade do pênis – o que definiremos como seu "lugar-comum"– até o escroto), podendo caracterizar, ainda de acordo com esses mesmos médicos, uma ambiguidade sexual que requer inter-

---

[20] Jan Fichtner et al., "Analysis of Meatal Location in 500 Men: Wide Variation Questions Need for Meatal Advancement in All Pediatric Anterior Hypospadias Cases". *Journal of Urology*, n. 154, 1995, pp. 833–34. De acordo com esse estudo, apenas seis homens [dentre os quinhentos investigados] sentiam ter uma anomalia peniana. É preciso lembrar que a hipospadia é um fenômeno frequente, atingindo um a cada quinhentos garotos, e que gera problemas basicamente estéticos e mais raramente funcionais (infecção, esterilidade).

venção cirúrgica. Os critérios socialmente definidos para os protocolos de redesignação de sexo efetivados no nascimento de crianças intersexo (por exemplo, os que definem as normas da virilidade) são a tal ponto drásticos e caricaturais que, aplicados ao conjunto da população, inserem na anormalidade – não natural, mas social – quase metade da população (no caso, a masculina). Pode-se sempre argumentar que os casos de intersexualidade representam apenas cerca de 2% dos nascimentos, porcentagem já relativamente importante se estiver correta. Todavia, essa porcentagem compreende somente os casos diagnosticados no contexto hospitalar. Se aplicarmos os critérios utilizados pelas equipes médicas a todas as crianças recém-nascidas julgadas apropriadas em matéria de sexo (macho/fêmea), chegaríamos certamente a números muito mais coerentes, que invalidariam o tratamento da questão do sexo de acordo com a distinção conceitual normal/patológico, natural/excepcional. A bicategorização é, por isso mesmo, invalidada não apenas como norma – natural –, mas também como média. Nessas condições, são de fato os critérios discriminantes, elaborados no âmbito de uma política de normalização dos corpos sexuados, que enfraquecem a própria definição do normal no que concerne ao processo de sexuação biológica, pois, tão logo abortamos sua aplicação *ad hominem* aos anormais a fim de aplicar seus próprios critérios à população dita "normal", assistimos à *patologização* inevitável desta última. Como podemos pensar a multitude de conformações sexuais? Alguns vislumbrarão essa multitude por meio da ideia de um *continuum* dos sexos. Mas a ideia de *continuum* reconduz à binariedade, colocando dois polos extremos – um aparelho genital "tipicamente" feminino e um aparelho genital "tipicamente" masculino – entre os quais se situa uma miríade de conformações mais ou menos mistas. Mais do que um *continuum*, parece-me que, se aplicarmos todos os critérios normativos relativos aos fatores biológicos de sexuação (gonadais, hormonais, cromossômicos), teremos todo o interesse em falar de idiossincrasias sexuais, cuja única polarização possível é a aptidão para a reprodução (sabendo que existem inúmeros indivíduos tipicamente "fêmea" ou "macho" que são estéreis e inúmeros indivíduos intersexo fecundos, por exemplo). Mas é preciso ter em mente, como uma barreira crítica, que a "capacidade de reprodução" nunca existe em si mesma; é sempre objeto de uma divisão do trabalho sexual reprodutivo. Como escreve Hélène Rouch, é preciso, então, prevenir-se contra uma "confusão sistematicamente praticada entre atributos de sexo, comportamento sexual e papel na reprodução", que "leva a muitos amálgamas: entre indivíduo e espécie (a reprodução considerada necessária para o indivíduo, enquanto ela o é apenas para a sobrevivência da espécie); entre sexuação e sexualidade (a heterossexualidade como norma, a homossexualidade como marginalidade, até mesmo anormalidade); entre sexualidade e reprodução (a sexualidade reprodutiva como a única forma de sexualidade: amálgama particularmente surpreendente se pensarmos na perda do estro na espécie humana)".[21]

Se a crise do fundamento natural do sexo (macho/fêmea) permite manter a relação de gênero em boas condições, ela é, antes de tudo, o efeito de uma distorção entre teoria e prática científicas, que é, ao mesmo tempo, efeito e solução da crise. A crise é mantida como tal. É uma situação científica de *status*

---

[21] Hélène Rouch, "Les Nouvelles Techniques de reproduction: vers L'Indifférenciation sexuelle?", in Albert Ducros e Michel Panoff (orgs.), *La Frontière des sexes*. Paris: PUF, 1995, p. 244.

quo que resolve um problema político, a saber, a reificação das categorias, não naturais, mas políticas, dos sexos: manter a investigação do fundamento natural do sexo em suspenso, utilizar "na falta de algo melhor" ou "por enquanto" um critério dóxico-prático, o gênero. O obstáculo que produz tal situação crítica é, evidentemente, um obstáculo político ligado a uma relação de poder. Nessa perspectiva, a crise do sexo revela de fato a dimensão histórica da relação de gênero: como regime de exercício da medicina do sexo, a crise é a expressão própria da historicidade de uma relação de dominação que se modifica, sofre mutações e deve, constantemente, redefinir seu sistema de categorias para garantir as condições de sua reprodução. Ora, apenas uma situação crítica permite tal reconfiguração permanente. Todavia, a consequência é que esse sistema de categorias é claramente exibido como um sistema social e histórico de categorias, não baseado na natureza. Tomada nesse sentido, a crise certamente permite o funcionamento do saber médico, porém também é uma constante assunção de risco que expõe esse saber dominante à contestação. O regime de crise é, portanto, ao mesmo tempo uma modalidade teórico-prática que permite assegurar a perenidade de uma relação de poder, mas igualmente uma assunção de risco, uma exposição do saber a ser contestado e derrubado, na medida em que manifesta sua historicidade. Os resultados da pesquisa realizada pela equipe alemã que aplicou os critérios de "sexo" à população declarada "normal" no nascimento invalidam a ideia de que a intersexualidade é um "erro" da natureza que seria preciso retificar, como se retifica um cólon incompleto, por exemplo. A situação de crise é aqui uma oportunidade de produção de dados que invalidam a teoria em vigor. É, ainda, uma oportunidade de produção de saberes heterodoxos e contestadores que vêm solapar e rivalizar com as teorias dominantes – por exemplo, aqueles saberes produzidos pelas associações de pessoas intersexo (pesquisas, testemunhos, teorias da sexuação concorrentes, práticas alternativas de cuidado).

Ao longo da história do sexo, o sistema de categorias prevalecente conheceu crises. Algumas delas, ao persistirem, claramente permitiram assegurar a reprodução de uma relação de gênero. Em vista dessa história, poderíamos propor uma epistemologia da história política das ciências cujo objetivo é mostrar que a crise deve, paradoxalmente, ser definida como uma modalidade possível do saber dominante, que garante o exercício de um poder e assegura sua reprodução, tanto quanto o expõe como dispositivo de saber/poder histórico e, por conseguinte, contestável e contestado. Assim, o desafio dessa abordagem poderia nos permitir afinar nossa própria definição do conceito de gênero. Nessa perspectiva, o gênero pode ser definido como uma relação de poder que garante sua reprodução, em parte graças às mutações do sistema de categorias que ele produz e no qual se apoia. Mas, ao fazer isso abertamente, como no caso dos protocolos para pessoas intersexo, ele expõe plenamente toda a sua historicidade: sua história é a de suas múltiplas crises e das múltiplas mutações que operam sobre os corpos, ao bel-prazer da relação de força que o assola e o ameaça. A capacidade normativa do gênero, o fato de que a relação social possa substancializar o processo de sexuação em dois sexos biológicos, a despeito de uma normatividade natural polimorfa, provém, portanto, de sua capacidade de manter um regime teórico e prático em crise. Ante a multiplicidade de configurações sexuais possíveis, a norma de gênero não consegue reduzi-las a uma binariedade supostamente "essencial" pelo fato de ser capaz de *operar* nesses corpos mutações constantes.

NOSSOS CORPOS, NÓS MESMAS

Cada nova geração deve estar ciente de seu destino sexual e se adequar a ele, cada pessoa deve ser codificada de acordo com um status compatível com o sistema.
GAYLE RUBIN, "O tráfico de mulheres", 1975.

...mas a sexualidade precede o gênero

A crítica dos conceitos científicos para pensar o processo biológico de sexuação, bem como as práticas e as normas médicas em matéria de identidade sexual, leva-nos ao conceito de gênero na medida em que ele preside a própria definição dessa identidade. O conceito de gênero é determinado pela sexualidade entendida como sistema político; no caso em questão, a heterossexualidade reprodutiva, que define o feminino e o masculino por meio da polarização sexual socialmente organizada dos corpos. Nessa perspectiva, se o gênero precede o sexo, devemos admitir que a sexualidade precede o gênero. Se conseguimos *dessubstancializar* o sexo, não conseguimos, no entanto, nos livrar de seu domínio. De fato, os discursos naturalistas da identidade sexual podem, paradoxalmente, prescindir com tranquilidade de uma referência primária à Natureza e substituí-la por uma ordem igualmente imperiosa: a *Ordem simbólica*.[1] Em outras palavras, a plasticidade da carne dos corpos sexuados pode ser reconhecida, o que não impede, para certo discurso, que a heterossexualidade seja, em um nível simbólico, a estrutura psíquica sem exterioridade a partir da qual cada indivíduo não apenas se socializa, como alcança o *status* de *sujeito*. Sujeito no duplo sentido: filosófico e psicanalítico. Se deixarmos provisoriamente de lado as expressões abertamente sexistas desse discurso, também encontraremos aqui uma das fontes de certo pensamento feminista dito "essencialista", que se caracteriza por um postulado maior: a divisão binária da humanidade em homens e mulheres – seja essa binariedade física e/ou biologicamente fundada ou não – e a desrealização ou negação de todas as identidades sexuais que não podem ser reduzidas a essas duas categorias únicas.[2]

As duas principais fontes do essencialismo simbólico ou culturalista dos sexos são a psicanálise e a antropologia estruturalista. Duas fontes que Monique Wittig chama de "o pensamento *straight*": "mulher", "homem", "diferença", e ainda "história", "cultura", "real", "funcionam como conceitos primitivos em um conglomerado de todos os tipos de disciplinas, correntes, ideias que chamarei de 'o pensamento *straight*', caracterizado por sua 'tendência imediatamente totalizan-

---

[1] Para uma crítica da ordem simbólica e de seus usos políticos: Daniel Borillo et al., *Au-delà du Pacs: L'Expertise familiale à l'épreuve de l'homosexualité*. Paris: PUF, 1999.

[2] "A diversidade [*mixité*] da humanidade, relativa à divisão do papel dos sexos na geração, de nosso ponto de vista, não é apenas um dado da antropologia física: é igualmente uma dualidade cultural estruturante e um valor, pois é produtora de singularidade e heterogeneidade." (Sylviane Agacinski, *Politique des sexes*. Paris: Le Seuil, 1998, p. 36.)

te'".[3] Retomamos aqui a base das críticas dirigidas a esses dois discursos pelo pensamento feminista materialista. Uma das referências sobre o tema é um texto publicado pela primeira vez em 1975, nos Estados Unidos, pela antropóloga Gayle Rubin: "O tráfico de mulheres: notas sobre a 'economia política' do sexo". Inscrevendo-se de forma crítica na tradição marxista, Gayle Rubin considera que as necessidades de sexualidade e procriação devem, como qualquer outra necessidade, ser satisfeitas, mas

> quase nunca são satisfeitas de modo "natural", assim como a necessidade de se alimentar [...]. Toda sociedade tem um *sistema de sexo/gênero*: um conjunto de disposições pelas quais a matéria-prima biológica do sexo e da procriação humanas é moldada pela intervenção humana, social, e satisfeita de uma maneira convencional, por mais bizarras que sejam algumas dessas convenções.[4]

Eis o conceito central do pensamento de Rubin: o "sistema de sexo/gênero". Ele designa as múltiplas modalidades, históricas e sociais, por meio das quais as necessidades sexuais são satisfeitas, entendidas no sentido mais amplo possível em consonância com o modelo das necessidades alimentares, por exemplo. Para desenvolver seu conceito, Rubin trabalha com

---

3 Monique Wittig, *La Pensée straight*. Paris: Balland, 2001, p. 71. [Ed. bras.: "O pensamento *straight*", in Adriano Pedrosa e André Mesquita (orgs.), *Histórias da sexualidade*. São Paulo: Museu de Arte de São Paulo Assis Chateaubriand, 2017.] E que Christine Delphy chama de "monte" – de representações (*L'Ennemi principal II*, op. cit., p. 259).
4 Gayle Rubin, "O tráfico de mulheres: notas sobre a 'economia política' do sexo", in *Políticas do sexo*, trad. Jamille Pinheiro Dias. São Paulo: Ubu Editora, 2017, p. 17. Grifo meu.

uma interpretação livre dos trabalhos de Freud e Lévi-Strauss, considerando que tais estudos nos deram ferramentas conceituais determinantes para a compreensão das modalidades histórico-sociais de satisfações das necessidades sexuais, deixadas completamente de lado pelo marxismo. Todavia, no pensamento de Rubin, Freud e Lévi-Strauss ocupam um lugar análogo aos de Ricardo e Smith no pensamento de Marx: "eles não percebem as implicações do que dizem, nem a crítica implícita que sua obra pode suscitar quando submetida a um olhar feminista",[5] escreve Gayle Rubin. A linha de força crítica da análise de Rubin é a seguinte: a psicanálise e o estruturalismo descreveram magistralmente a violência dos processos de subordinação e condicionamento psíquicos e sociais que presidem a produção de indivíduos sexuados, assim como os efeitos produzidos em resposta a esses processos nas mulheres e nos homens como indivíduos sociais. Ora, o limite dessas teorias é que elas tentaram racionalizar esses processos de dominação definindo-os, fosse como estruturas necessárias ao desenvolvimento psíquico dos indivíduos, fosse como estruturas invariáveis de toda cultura ou sociedade humana, separando aqui a ordem simbólica da diferença sexual de sua forma social e política: heterossexualidade obrigatória.

Com Gayle Rubin, atenho-me, sobretudo, à crítica da psicanálise que será útil na continuação de meu propósito. Concentrando-se na construção psíquica da feminilidade, Rubin considera que "[os] ensaios de Freud sobre a feminilidade podem ser lidos como descrições do modo como um grupo é preparado psicologicamente, desde a infância, para viver com a

---

[5] Ibid., p. 10.

própria opressão".[6] Seu exemplo privilegiado é o "complexo de Édipo". A aplicação do complexo de Édipo ao desenvolvimento psíquico das meninas sempre apresentou certas dificuldades. Até o fim dos anos 1920, o movimento psicanalítico havia se contentado mais ou menos com uma variante do complexo de Édipo voltada para as mulheres. Mediante a questão da existência de dois sexos e, de acordo com um raciocínio finalista, pensando a reprodução como a finalidade última da sexualidade, supunha-se que os dois sexos estavam necessariamente submetidos a uma lei da atração sexual na qual o *Mesmo* é atraído pelo *Outro* e vice-versa. Consequentemente, da mesma forma que o primeiro objeto de desejo do menino é a mãe, o primeiro objeto de desejo da menina é o pai; daí a hipótese de um "complexo de Electra", expressão feminizada do complexo de Édipo. Freud nunca se deu por satisfeito com tal hipótese, proveniente de uma aplicação simplista do complexo de Édipo.[7] Suas insatisfações o levaram então a admitir uma "fase pré-edipiana". Freud observa que, até certa idade – o que ele chama de "fase pré-edipiana" –, as crianças podem ser descritas como bissexuais; isso significa que, seguindo a demonstração freudiana, as crianças apresentam atitudes libidinais "passivas" e "ativas", o que torna ainda mais problemática a aplicação das categorias comumente aceitas de "feminino" e "masculino" e põe em dúvida a ideia segundo a qual existem "identidades de gênero primordiais".[8] Como escreve o próprio Freud, "[é] próprio da peculiaridade da psicanálise, então, que ela não se ponha a descrever o que é a mulher [...],

---

6 Ibid., p. 48.
7 Ibid., p. 37.
8 Ibid., p. 38.

mas investigue como a mulher vem a ser, como se desenvolve a partir da criança inatamente bissexual".[9]

Ainda que as tendências bissexuais das crianças sejam naturais, são necessários homens e mulheres; é preciso, portanto, uma lei que reja essa diferenciação: daí a hipótese da castração. Uma vez que essa lei, por definição, vai de encontro às tendências naturais, ela só pode ser social. Entretanto, Freud reintroduz um pretexto supostamente anatômico a essa lei: por um lado, postula que a mãe só pode ser satisfeita com um pênis, enquanto a filha se satisfaz com seu clitóris (daí a ideia freudiana de que a comparação entre o clitóris da filha e o pênis deixa a menina com um sentimento de inferioridade e suscita o reconhecimento de sua própria castração); por outro, e consequentemente, Freud postula que o falo – significação simbólica do pênis – atribui uma posição de poder em relação ao "ser castrado". O raciocínio peca em função de um prejuízo e de uma petição de princípio: em primeiro lugar, supõe que a satisfação que a menina imagina para si provém necessariamente do coito, quando ela está sexualmente satisfeita com/por meio de seu clitóris; em segundo, considera o falo um argumento que supostamente deve dar razão à dominação fálica e demonstra uma relação de poder que daí nasce: o falo institui uma relação de dominação e é por isso que ele próprio é significado como uma garantia simbólica de dominação. Em consequência,

> a mãe e, por extensão, todas as mulheres, só podem ser amadas adequadamente por alguém "que tenha um pênis" (falo). Como

[9] Sigmund Freud, "A feminilidade" apud G. Rubin, "O tráfico de mulheres", in *Políticas do sexo*, op. cit., p. 38.

a menina não tem "falo", ela não tem "direito" de amar sua mãe ou outra mulher, já que ela própria é destinada a algum homem [...]. Não é por conta de uma superioridade natural do pênis em si, nem como um instrumento para fazer amor, que ela chega a essa conclusão. A disposição hierárquica dos órgãos genitais masculinos e femininos vem de definições da situação – a regra da heterossexualidade obrigatória e a relegação das mulheres (aquelas que não têm o falo, castradas) aos homens (aqueles que têm o falo).[10]

Enquanto no complexo de Édipo o menino renuncia apenas à sua mãe, a menina, ao renunciar à sua mãe, renuncia também a todas as outras mulheres, reforçando assim o poder fálico que ela nunca deverá possuir, e se tornará, posteriormente, uma mulher – isto é, "A Mulher" –, uma pessoa sexualmente passiva, o que institui a penetração como o ideal da heterossexualidade. "Se às mulheres, quando ocupam um lugar em um sistema sexual, é negada a libido e imposto um erotismo masoquista, por que os analistas não defendem novas disposições, em vez de racionalizar as antigas?"[11]

Como analisa a filósofa e psicanalista francesa Sabine Prokhoris, o complexo de Édipo é a pedra de toque da "ordem simbólica", que, por sua vez, repousa sobre um dogma, o qual ela chama de "diferençadossexos" [*différencedessexes*]. Na versão canônica do complexo de Édipo, o pai separa a criança da mãe. A criança aparece então como a confirmação dos significantes da sexuação: o pai, portador do falo, a mãe, falo castrado. Nesse dispositivo, é a criança que se torna o significante do

---

10 Ibid., p. 45.
11 Ibid., p. 49.

"falo castrado" da mãe, o substituto do pênis. "Quer dizer que apenas haverá mulher tal como feita por meio da castração que, separando dela sua criança-pênis, provará a verdade da 'diferençadossexos' na castração [...]. [A criança] será o significante eficaz que permite produzir uma mulher e provar a lei do pai, o que tornará a produzir um homem."[12] Homem e mulher não são, senão, significantes que ganham corpo por e no âmbito de uma instauração de ordem heterossexual reprodutiva. Assistimos, assim, a "uma operação de algum modo transexual",[13] não de um sexo para outro, mas de um "fora do sexo" [*hors sexe*] para a *ordem sexual*.

Para Gayle Rubin, o que vem antes da ordem sexual possui bases claramente materiais. A teoria freudiana explicita a fábrica psíquica das dominadas e dos dominantes, aqui mulheres e homens, mas não interroga as condições materiais do inconsciente. Para reverter essas modalidades efetivas de satisfação das necessidades sexuais, é preciso, segundo Rubin, agir no que diz respeito à divisão sexual do trabalho, sobretudo do trabalho doméstico. A construção psíquica dos sexos baseia-se em uma divisão do trabalho na qual a mãe se encontra em posição de objeto sexual primário, uma oportunidade para a heterossexualização do desejo e para a diferenciação sexual das crianças entre homens e mulheres. "Se a divisão sexual do trabalho levasse mulheres e homens a se envolver igualmente no cuidado com as crianças, a escolha primeira do objeto sexual seria bissexual"[14] e, portanto, muito mais de acordo com as tendências psíquicas e anatômicas naturais dos

---

12 Sabine Prokhoris, *Le Sexe prescrit: La Différence sexuelle en question*. Paris: Flammarion, 2000, pp. 243–44.
13 Ibid.
14 G. Rubin, "O tráfico de mulheres", in *Políticas do sexo*, op. cit., p. 50.

corpos. Se, para a psicanálise, trata-se de socializar ou mesmo de transcender essa *psyché* selvagem, essa não ordem sexual, como compreender, na economia desse discurso, o recurso recorrente ao pretexto anatômico a fim de legitimar a heterossexualidade como norma psicossocial de organização das necessidades e dos desejos? Compreende-se, então, por que a maternidade – isto é, a heterossexualidade reprodutiva – deve ser mantida *manu militari* como uma dimensão intrínseca da feminilidade, pois, por mais paradoxal que pareça: sem filho, nada de sexo.

"Meu corpo me pertence"

A crítica feminista da heterossexualidade, definida como regime político, pode se resumir em três grandes posições esquemáticas. A primeira crítica se desenvolveu segundo duas tradições de pensamento: a do feminismo "radical" (denominação estadunidense) e a do feminismo essencialista. Para o feminismo radical, a heterossexualidade é *intrinsecamente* opressora para as mulheres, pois ela é a própria expressão da dominação de gênero, cujo paroxismo é a prostituição.[15] A heterossexualidade está fundada na distinção hierárquica dos sexos, os quais determinam a sexualidade. Em outras palavras, na definição de homens e mulheres está incluída a posição (dominante ou dominada) que eles ocupam, respectivamente, na sexualidade. Para o feminismo essencialista, a crítica da

---

[15] Ver o desenvolvimento acerca do pensamento de Catharine MacKinnon no capítulo "A tecnologia pornográfica ou a 'verdade do sexo'" nesta obra.

heterossexualidade consiste, principalmente, em mostrar que a heterossexualidade real contradiz a própria essência da *heterossexualidade*. Não se trata do Mesmo e do Outro na heterossexualidade, individualmente vivida e socialmente organizada, mas do rebaixamento autoritário do Outro ao domínio do Mesmo. Se toda sexualidade é uma experiência de alteridade, a heterossexualidade efetiva é uma experiência infeliz e se assemelha sempre à negação do feminino, como figura do Outro.[16] A segunda crítica rejeita a essencialização tendenciosa da diferença sexual e, por consequência, da heterossexualidade ou da homossexualidade: elas são *práticas* e não remetem a uma identidade originária – como se os indivíduos "nascessem" heterossexuais ou homossexuais. Tais práticas se inscrevem nos dispositivos de poder polarizado historicizáveis e são diversamente codificadas segundo as relações de gênero, de classe ou de cor. A questão aqui não é tanto "com quem fazemos sexo?", mas sim "como fazemos sexo?". Trata-se de uma crítica da heterossexualidade, como entidade "discreta", em prol de uma concepção continuísta das múltiplas práticas sexuais. Por fim, a terceira crítica se atém mais à heterossexualidade, na medida em que participa de uma "gestão social da reprodução",[17] à qual está historicamente associada. Esse conceito, desenvolvido pela antropóloga Paola Tabet, designa os dispositivos históricos de organização da sexualidade reprodutiva. Tais dispositivos variam de acordo com as sociedades e as épocas, e são diferentes para as mulheres e os homens (idade legal do

---

16 Ver a obra de Luce Irigaray e a leitura particularmente rica que Naomi Schor faz dela no artigo "Cet Essentialisme qui n'(en) est pas un" (*Futur Antérieur*, número especial, abr. 1993).
17 Ver Paola Tabet, *La Construction sociale de l'inégalité des sexes*. Paris: L'Harmattan, 1998.

casamento, iniciação sexual diferenciada, exaltação ou não da virgindade, poligamia/poliandria vs. monogamia/monandria, acesso lícito ou ilícito às práticas ou técnicas anticoncepcionais etc.). Tabet mostra que a heterossexualidade monogâmica e reprodutiva funciona como uma domesticação da sexualidade das mulheres, expondo-as *ao máximo* ao coito reprodutivo. Essa crítica materialista pensa a heterossexualidade no âmbito mais amplo de uma divisão sexual do trabalho. A divisão do trabalho sexual reprodutivo e não reprodutivo se opera em "um *continuum* da troca econômico-sexual"[18] (que vai do galanteio ao casamento, passando pela prostituição). O corpo das mulheres constitui seu único recurso, o que faz a troca ser *assimétrica*: as mulheres são uma "classe" constrangida a trocar serviços sexuais por retribuição. Esta última crítica insere a questão da propriedade do corpo das mulheres em um nível triplo: a heterossexualidade legal – simbolizada pelo contrato de casamento – foi historicamente um modo de apropriação do corpo das mulheres[19] e de seu trabalho sexual; o direito à contracepção e ao aborto faz parte de uma reapropriação do corpo das mulheres por elas mesmas; não obstante, o argumento da "propriedade do corpo" não resolve a questão das condições materiais de gozo efetivo desse direito. Trata-se de uma condição suficiente, mas não necessária à troca sexual igualitária entre homens e mulheres. As condições materiais comportam, entre outras coisas, uma verdadeira educação sexual. O direito das mulheres de dispor do próprio corpo supõe uma política

---

18 P. Tabet, "La Grande arnaque". *Actuel Marx*, n. 30, 2001, p. 139. Ver também Gail Pheterson, *Le Prisme de la prostitution*. Paris: L'Harmattan, 2001.
19 Na França, foi preciso esperar até 1992 para que o "estupro conjugal" fosse oficialmente reconhecido.

social de igualdade. Se não é esse o caso, o direito das mulheres sempre pode ser condicionado por imperativos populacionais. Ora, esses imperativos são classicamente expressos nos termos de um conflito entre "direitos das mulheres" e "direito à vida dos nascituros". A escolha das mulheres relacionada à maternidade, que envolve o que elas pretendem fazer de seus corpos e com seus corpos, é regularmente questionada por diversas autoridades (políticas, militares, religiosas, morais). O desafio remete à questão da definição de indivíduo e, portanto, da individualidade como suporte de direitos. Historicamente, a teoria feminista francesa priorizou mais essa argumentação em detrimento daquela do individualismo possessivo: a obtenção do direito de propriedade das mulheres sobre si mesmas faz sentido apenas se elas puderem efetivamente, soberanamente, reivindicá-lo.

Na teoria feminista anglófona, foi principalmente em nome da "propriedade do próprio corpo" que a maioria dos países democráticos legalizou o aborto. Em 1971, a filósofa Judith Jarvis Thomson publicou um artigo de referência sobre essa questão, dois anos antes de a Suprema Corte dos Estados Unidos proferir seu julgamento no caso Roe *versus* Wade, compondo uma jurisprudência em matéria de direito ao aborto. A argumentação lógica de Thomson refere-se especificamente à seguinte premissa: "o feto é um ser humano". Thomson considera que o debate sobre a viabilidade do feto faz parte de uma argumentação chamada de "terreno escorregadio",[20] e é por isso que ela escolhe iniciar o debate aceitando a premissa dos

---

20 Em francês, *pente savonneuse*, que remete a um tipo de raciocínio que exagera os desdobramentos de determinada tese, chegando a conclusões desastrosas. [N. T.]

"pró-vida": o feto é um ser humano desde sua concepção. Toda pessoa tem direito à vida. Portanto, o feto tem direito à vida – raciocínio que autoriza os detratores do direito ao aborto a defender legitimamente a proibição do direito das mulheres de decidir sobre o que deverá acontecer com e no seu corpo.[21]

Thomson apresenta ao leitor a seguinte situação: uma manhã, você acorda e se depara com um célebre violinista inconsciente, cujo sistema circulatório foi ligado ao seu. Explicam a você que ele foi diagnosticado com uma doença renal fatal e que você é o único que possui o tipo sanguíneo adequado para salvá-lo. Você foi sequestrado pela Sociedade dos Amigos da Música (SAM). O diretor do hospital a tranquiliza: "Veja, nós sentimos muito que a SAM tenha feito isso [...]. Mas não é nada sério, essa situação vai durar apenas nove meses".[22] A questão é: *pode-se moralmente exigir que você aceite essa situação?*

Thomson leva em consideração a "posição extrema": o aborto é inaceitável, mesmo que seja para salvar a vida da mãe. O fato de ter conectado o violinista a você, para que seu rim filtre o sangue de ambos, coloca sua vida em perigo. Você também tem direito à vida: o que fazer? Em geral, a resposta admitida é distinguir entre o que configura um "assassinato" (matar diretamente o violinista para que você se salve) e o que configura um "deixar morrer" (não impedir que ele morra).

---

21 Judith Jarvis Thomson, "Une Défense de l'avortement" (1971). *Raisons Politiques*, n. 12, 2003–04, p. 3. No momento em que escrevo este texto [2008], a Corte de Cassação acaba de proferir um acórdão autorizando a declaração do estado civil de um feto nascido sem vida, qualquer que seja o estágio do seu desenvolvimento, abrindo caminho para o reconhecimento do feto como "pessoa", contrariando a definição da viabilidade do feto estabelecida pela OMS em 1977 (e reconhecida pela França em 2001): um peso superior a 500 gramas e uma gravidez de 22 semanas.
22 Ibid., p. 4.

Thomson considera que, se você desconecta o violinista a fim de salvar sua própria vida, não se deve falar em assassinato. Esse cenário evidencia a questão dos limites do direito à autodefesa: toda reação deve ser imediata e proporcional à ameaça efetiva (no exemplo citado, torturar o violinista seria visto como exceder os limites estritos da autodefesa). Em contrapartida, a questão de saber se precisamos de uma terceira pessoa para fazer isso ressurge. É moral pedir a alguém que mate o violinista para salvar nossa vida? Thomson elabora então outra situação: "Se Jones encontrou um casaco e se apropriou dele, casaco do qual ele precisa para se proteger do frio, mas do qual Smith também precisa para se proteger do frio, não há nenhuma imparcialidade em dizer *eu não posso escolher entre vocês dois*, já que o proprietário do casaco é Smith".[23] Ora, o corpo das mulheres é equivalente ao casaco de Smith. Particularmente, podemos sempre nos recusar a ser aquela pessoa que mexe com Jones, mas a justiça pode exigir que alguém pegue de volta o casaco que está com ele. De acordo com Thomson, em matéria de aborto, as mulheres são obrigadas a endossar não apenas um papel de samaritanas minimamente decentes (algo que as legislações sobre o dever de prestar assistência a quem está em perigo exige, por exemplo), mas também o de samaritanas extraordinárias, o que não é exigido de outros membros da sociedade.

Judith Thomson examina em seguida um novo cenário, certamente o mais frequente em matéria de direito ao aborto: uma situação em que a vida da mãe não está em perigo. O evento faz sobressair a questão do "direito à vida". "[Estou] gravemente doente e a única coisa que pode salvar minha vida é Henry

23 Ibid., p. 15.

Fonda tocar meu rosto febril com sua mão tranquilizante [...] [, contudo] não tenho nenhum direito de exigir que Henry Fonda toque meu rosto febril com sua mão tranquilizante. Seria adorável de sua parte [...]. Mas eu não tenho o direito de me autorizar exigir que um indivíduo faça isso por mim."[24] O direito à vida não implica o direito de obrigar o outro a salvar a sua vida. O que está em jogo, portanto, é o "direito à vida", considerado não mais do ponto de vista do direito de obter alguma coisa do outro, mas do ponto de vista do direito de não ser morto por quem quer que seja. Ora, o direito à vida constitui, para Thomson, "o teste de aceitabilidade de uma teoria dos direitos". A autora, porém, "basicamente sustenta que ter um direito à vida não garante um direito ao uso do corpo de outra pessoa ou um direito a um uso contínuo do corpo de outra pessoa – mesmo no caso em que precisamos disso para continuar vivendo".[25] A questão pode ser formulada de outra maneira: privar uma pessoa de algo que lhe permitiria viver seria o mesmo que privá-la de algo a que ela tem direito e, portanto, tratá-la injustamente? A resposta de Thomson consiste em distinguir o direito à vida, como direito de não ser morto, do direito de não ser morto de forma injusta. "Não basta, de modo algum, mostrar que o feto é uma pessoa e lembrar que todas as pessoas têm direito à vida; é preciso demonstrar também que matar o feto viola seu direito à vida; em outras palavras, que o aborto mata de forma injusta. Mas seria esse o caso?"[26]

É preciso, então, perguntar se o feto foi convidado pela mulher, o que suscita a questão da responsabilidade das mulheres.

---

[24] Ibid., p. 19.
[25] Ibid., p. 21.
[26] Ibid., p. 24.

Se a existência do feto é o resultado de uma ação voluntária praticada com pleno conhecimento dos riscos de gravidez, a mulher não seria, portanto, responsável pelo feto, que teria, por sua vez, o direito de exigir que ela preserve sua vida? Essa argumentação suscita algumas dificuldades quanto à própria definição de responsabilidade. Duas ilustrações. A primeira: "Se determinado cômodo for mal ventilado e eu abrir a janela para arejá-lo, e um ladrão entrar, seria absurdo dizer: 'Ah! Agora ele pode ficar! Ela lhe deu o direito de usar sua casa, pois foi parcialmente responsável pela presença do ladrão em seu interior, com plena consciência do fato de que existem ladrões e de que ladrões roubam'".[27] E se, mesmo com as janelas gradeadas, um ladrão tiver conseguido entrar na casa, pois as grades estavam danificadas, é razoável responsabilizar a pessoa pelo roubo de que foi vítima? Segunda ilustração: "As sementes de pessoas flutuam no ar como pólen, e, se você abrir as janelas, uma dessas sementes pode entrar em sua casa e enraizar-se em seus carpetes ou tapeçarias. Como você não quer ter filhos, você instala em suas janelas telas de filtragem com malhas muito finas, da melhor qualidade. Pode acontecer, no entanto, em ocasiões raríssimas, de uma dessas telas estar com defeito e uma semente penetrar em sua casa e se enraizar. A pessoa-planta que cresce em sua casa tem o direito de utilizá-la?". Segundo esse raciocínio, a pessoa pode ser responsabilizada por não ter retirado todos os seus carpetes e tapeçarias e por não ter fechado as janelas. Em outras palavras, uma mulher poderia ser considerada responsável pela vida do feto, no caso de uma gravidez indesejada, a menos que tivesse procedido com uma histerectomia, o que é absurdo.

27 Ibid., p. 28.

A contribuição de Thomson para o debate sobre o direito ao aborto, valendo-se de ferramentas próprias à filosofia analítica, tem o mérito de deslocar os termos a partir dos quais ele tende a se cristalizar (algumas mulheres "abusariam" desse direito precisamente em razão das técnicas abortivas menos "traumatizantes" do que outrora, e, portanto, seu direito ao bem-estar prevaleceria sobre o "direito à vida", enquanto outras não teriam o reconhecimento do seu pesar por ter perdido um feto no âmbito de um projeto parental movido pelo desejo). Entretanto, esse debate não prescinde de uma perspectiva histórica sobre os direitos reprodutivos, o que remete à genealogia do sujeito político do feminismo.

"As lésbicas não são mulheres"[28]

Para uma parte do feminismo, herdeira do materialismo histórico, a heterossexualidade constitui um sistema político de opressão que institui grupos pretensamente "naturais" – os homens e as mulheres. "É a opressão que cria o sexo, não o contrário. O contrário seria dizer que é o sexo que cria a opressão ou ainda que a causa (a origem) da opressão deve ser encontrada no próprio sexo, em uma divisão natural dos sexos que preexistiria à (ou existiria fora da) sociedade."[29] Portanto, é a ideia de naturalidade das categorias de sexo que permite naturalizar um sistema político: a heterossexualidade.

No pensamento de Monique Wittig, a opressão sistêmica funda-se em uma exploração econômica: a atribuição do tra-

---

28 M. Wittig, *La Pensée straight*, op. cit., p. 76.
29 Ibid., pp. 42–43.

balho de reprodução da "espécie" às mulheres, beneficiando os homens que se apropriam não apenas desse trabalho e de seus produtos (filhos e, portanto, o conjunto da filiação,[30] bem como o tempo liberado graças à atribuição das tarefas de reprodução da força do trabalho e de cuidado infantil às mulheres), como também do corpo completo das trabalhadoras. Sobre este último ponto, Wittig refere-se ao conceito clássico elaborado por Colette Guillaumin: *sexagem*. Tanto para Wittig como para Guillaumin, a condição das mulheres, como classe, assemelha-se muito mais à condição de servidão ou de escravidão do que de proletariado, no sentido de que sua pessoa completa é propriedade dos dominantes, não apenas seu trabalho. "Não é a força de trabalho, distinta do seu suporte/produtor na medida em que pode ser mensurada em 'quantidades' (de tempo, dinheiro, tarefas) que é apossada, e sim a sua origem: a máquina-da-força-de-trabalho."[31]

Podemos compreender a analogia entre servidão, escravatura e sexagem[32] apenas se analisarmos a opressão das mulheres, não somente como uma exploração da força de trabalho, mas como uma apropriação do corpo inteiro; apropriação do corpo inteiro de uma mulher não apenas por um único homem (o pai, o marido ou o companheiro), mas por todos os homens, compreendidos como "classe dominante". A opressão das mulheres se caracteriza principalmente por sua apropriação sexual coletiva ou individualizada. Tal apropriação é regida pelas

30 Que as reformas do Código de Família desses últimos trinta anos, limitando ou eliminando a referência aos direitos maritais ou paternais em prol dos direitos conjugais e parentais, vêm relativamente nuançar.
31 Colette Guillaumin, *Sexe, race et pratique du pouvoir*. Paris: Côté Femmes, 1992, p. 19.
32 Em francês, respectivamente, *servage*, *esclavage* e *sexage*. [N. T.]

formas legais de conjugalidade, cuja forma histórica é o casamento, e também pelas regras morais da conjugalidade. Essas regras valorizam certo *éthos* feminino na relação amorosa e/ou sexual que envolve valores de disponibilidade, passividade, fidelidade etc., os quais podem ser deduzidos das formas de reprovação, ou mesmo de opressão, que provocam o desrespeito de tais valores. A apropriação das mulheres consiste, pois, no uso individualizado e/ou coletivo delas.

> Toda mulher não apropriada oficialmente por contrato que reserve seu uso a um único homem, isto é, toda mulher não casada ou que age sozinha (circula, consome etc.) é objeto de uma competição que revela a natureza coletiva da apropriação das mulheres [...]. Para investir da melhor maneira possível seu direito comum de propriedade, os homens colocam em jogo entre si suas prerrogativas de classe, de prestígio e de força física. [...] A competição entre os indivíduos da classe de sexo dominante para tomar (recuperar ou aproveitar-se de...) qualquer mulher "disponível", isto é, *necessariamente* toda mulher cuja individualidade material não está oficialmente ou oficiosamente encerrada, expressa que o *conjunto dos homens* dispõe de *cada uma das mulheres*.[33]

Pode-se, assim, falar de uma fenomenologia, invisível para quem nunca foi interpelado como "mulher", de uso lícito, coletivo e opressor do corpo das mulheres, que determina seus movimentos, seus gestos, suas percepções, seus reflexos, suas posturas, seus trajetos, seu modo de andar, seus adornos e suas emoções, a fim de transformá-las em corpos constantemente "caçados". A predação constante, sociologicamente diferen-

---

[33] C. Guillaumin, *Sexe, race et pratique du pouvoir*, op. cit., p. 42.

ciada em função das relações de poder em causa, faz parte do que chamaremos, em uma perspectiva um pouco diferente da de Guillaumin, de *fenomenologia da dominação*,[34] e cujas modalidades de subversão serão conceituadas no último capítulo desta obra.

A análise materialista dessa situação, em termos de opressão e de apropriação, supõe, por sua vez, uma solução política: o separatismo lésbico, cujos dois textos de referência são *One is Not Born Woman* [Não se nasce mulher] (1980) e *Straight Mind* [Pensamento *straight*] (1978–80), de Monique Wittig. Se há alguma saída possível para o sistema de opressão heterossexista, que garante a perenidade da relação de apropriação das mulheres e de seu trabalho, é preciso buscá-la no lesbianismo porque "'Lésbica' é o único conceito que eu conheço que está além das categorias de sexo (mulher e homem), pois o sujeito designado (lésbica) *não é* uma mulher, nem economicamente, nem politicamente, nem ideologicamente".[35] Se "mulher" e "homem" não existem como termos, como essências isoladas da relação que não apenas os associa de forma antagônica, mas os constitui, então abandonar essa relação – a heterossexualidade reprodutiva obrigatória – é, ao mesmo tempo, escapar dessa alternativa e se autoconstituir como sujeito, finalmente livre de todas as categorias políticas opressoras de sexo. Nesse sentido, Wittig compara as lésbicas aos escravos fugidos, que escapavam do racismo plantocrático[36] e sua linha de cor, a partir de uma ex-

---

34 Eleni Varikas, por sua vez, utiliza a expressão "fenomenologia da humilhação" (*Les Rebuts du monde: Figures du paria*. Paris: Stock, 2007, p. 56).
35 M. Wittig, *La Pensée* straight, op. cit., p. 63.
36 Plantocracia é um termo usado para se referir a uma classe dominante ou a um governo, compostos de escravocratas donos de plantações. [N. E.]

ternalidade da opressão, em que a própria linguagem, por meio da qual devo me *re*pensar e me *re*dizer, está para ser inventada.

Há, no entanto, um problema no separatismo lésbico wittiguiano que pode ser abordado sob dois pontos de vista. Em primeiro lugar, o postulado segundo o qual, em uma sociedade lésbica, não há mais opressão de sexo supõe a existência de um lugar externo à opressão – o que Wittig buscou ilustrar em sua obra literária ao dar corpo a uma erótica não falogocêntrica. Ora, o desaparecimento da opressão de sexo não implica o desaparecimento da opressão *assim, sem mais*, isto é, das relações de classe, de cor ou mesmo de sexualidade – a não ser que se admita a existência de uma sexualidade sem poder ou fora do poder. Do mesmo modo que a supressão das classes no pensamento marxista não assegura o fim do patriarcado às feministas, a supressão dos sexos no separatismo lésbico não resolve a questão *das* opressões que, na condição de modalidades históricas e discursivas *hic et nunc*, dão forma ao heterossexismo (e vice-versa). Em segundo lugar, esse postulado remete ao *status* do sujeito lésbico em Wittig. Como observa Judith Butler, na utopia separatista de Wittig, o sujeito emerge por um ato de autodeterminação calcado na definição formal, cartesiana, do sujeito – a do *cogito*, forma universal neutra, vazia de determinação, que se autointerpela –, e reifica, ao mesmo tempo, o ideal do sujeito dominante moderno, de acordo com certa "metafísica da substância".[37] Porém, para chegar a esse ideal do sujeito, não basta apenas sair da heterossexualidade. Se tal condição é necessária, não é, todavia, suficiente para muitas lésbicas. O que se passa, por exemplo, com as mulheres racia-

---

37 Judith Butler, *Problemas de gênero: feminismo e subversão da identidade*, trad. Renato Aguiar. Rio de Janeiro: Civilização Brasileira, 2003, p. 37.

lizadas que, devido ao jogo de opressões múltiplas, nunca são oprimidas apenas pelo sistema heterossexista? Para a filósofa María Lugones, o separatismo, tal como enunciado por uma parte do pensamento feminista, idealiza sujeitos femininos, pretensamente homogêneos, unificados em torno de uma só identidade, ignorando os sujeitos fragmentados, sujeitos fronteiriços das identidades plurais, cuja figura da "mestiça" é o paradigma. Em nome de qual identidade eu devo me separar? Mulher, lésbica, *chicana*, anglófona/hispanófona, indígena, migrante? Que hierarquia estabelecer entre as dominações de gênero, de sexualidade, de cor, de classe, de nacionalidade, de religião? Em outras palavras, seria, o separatismo, uma estratégia eficaz diante de um sistema que testemunha a ingerência das relações de dominações, diante da "hidra da opressão"?[38]

---

38 Cf. Cherrie Moraga e Gloria Anzalduá (orgs.), *This Bridge Called My Back: Writings by Radical Women of Color*. San Francisco: Aunt Lute, 1981.

O SUJEITO POLÍTICO DO FEMINISMO

As ferramentas do senhor nunca derrubarão a casa-grande.
AUDRE LORDE, *Irmã outsider*, 1984.

"Sexo", "raça" e "classe": como pensar a dominação?

As primeiras conceituações da relação entre o sexismo e o racismo, no centro do pensamento feminista, podem ser definidas como análises analógicas entre o "sexo" e a "raça". Para pensar o "sexo" (no sentido de bicategorização sexual biológica dos indivíduos que distingue radicalmente machos/fêmeas) como uma categoria política e não natural, alguns trabalhos feministas, principalmente materialistas, utilizaram as críticas clássicas da categoria "raça" para redefinir as mulheres, não como um grupo natural, mas como uma classe social *naturalizada*.[1] O conjunto dos argumentos desenvolvidos pela comunidade científica logo após a Segunda Guerra Mundial, que contestava a pertinência de um conceito de "raças humanas",[2] foi priorita-

---

[1] Ver os principais trabalhos da socióloga Colette Guillaumin (*L'Idéologie raciste*. Paris: Gallimard, 2002), bem como os da paleoantropóloga Évelyne Peyre e os da bióloga Joëlle Wiels ("Sexe social et sexe biologique", in M.-C. Hurtig et al., *Sexe et genre*, op. cit.).
[2] Cf. *Le Racisme devant la science*. Paris: Gallimard/Unesco, 1960.

riamente explorado para criticar de maneira analógica a pertinência de um conceito de "sexo" (e não do processo de sexuação biológica dos indivíduos), isto é, a ideia de uma incomensurabilidade biológica, fundada na natureza, entre os homens e as mulheres. Uma vez que a "raça" não corresponde, "na espécie humana, a nenhuma realidade definível de forma objetiva",[3] ela se torna uma categoria ideológica, produzida na e por uma relação de dominação historicizável, uma categoria que mascara os procedimentos de racialização das desigualdades sociais. Do mesmo modo, quando biólogos e filósofos das ciências contemporâneas colocam em xeque a "bicategorização por sexo", isso permite definir o "sexo" como uma categoria produzida na e por uma relação de dominação.[4] De todo modo, a primeira conceituação das categorias de sexo e raça deixou em suspenso a questão central da imbricação das relações que as produzem, pressupondo implicitamente que a desnaturalização da categoria de sexo remetia à dominação das mulheres, enquanto a desnaturalização da categoria de raça remetia à dominação dos – homens – "negros", "judeus", "árabes"...

No pensamento feminista anglófono, as intelectuais afro-estadunidenses elaboraram um modelo para pensar o sexo, a raça e a classe ou, mais exatamente, para pensar a dificuldade de conceituar a articulação entre essas três relações.[5] Trata-se de um modelo que poderíamos chamar de "geométrico",

---

[3] Albert Jacquard, "Biologie et théories des 'élites'". *Le Genre Humain*, n. 1, 1981, p. 38.
[4] Ver a exposição notável de Cynthia Kraus, "La Bicatégorisation par sexe à l'épreuve de la science", in D. Gardey e I. Löwy, *L'Invention du naturel*, op. cit.
[5] Cf. Deborah K. King, "Multiple Jeopardy, Multiple Consciousness: The Context of a Black Feminist". *Signs*, n. 1, 1988.

que pretende pensar a intersecção das relações de dominação. Kimberlé Williams Crenshaw propôs então o conceito de "interseccionalidade".[6] Ela mostrou, particularmente, como a "interseccionalidade" é inerente a toda relação de dominação: é uma estrutura da própria dominação que impede ou enfraquece as tentativas de resistência. Em outras palavras, a estrutura interseccional da dominação deixa qualquer mobilização em uma situação aporética que produz efeitos destruidores e desestruturantes sobre os movimentos sociais. Para ilustrar esse ponto, Crenshaw trabalhou com a violência doméstica e, mais especificamente, com o isolamento das mulheres afro-estadunidenses agredidas, que a experiência cruzada do sexismo e do racismo torna duplamente invisível, ininteligível. O isolamento é, ao mesmo tempo, o efeito de uma ausência de ferramenta teórica para compreender a posição dessas mulheres na intersecção de diversas relações de poder, mas também o efeito de uma ausência de recurso político e ferramenta prática, ambos comuns a diversas lutas – como lutar em conjunto contra a articulação do sexismo e do racismo sem se aniquilar? Essa situação se revelou das mais problemáticas em 1982, com a publicação de *A cor púrpura*. O romance de Alice Walker, ao pôr em cena uma mulher negra, Clélie, agredida por seu companheiro negro, suscitou uma polêmica violenta. Era quase impossível para os defensores da luta contra o sexismo insistir no fenômeno massivo da violência conjugal, sem considerar, ao

---

6 Kimberlé W. Crenshaw, "Cartographies des marges: Intersectionnalité, politique de l'identité et violences contre les femmes de couleur" [1994]. *Les Cahiers du Genre*, n. 39, 2005. Para uma aplicação da análise em termos de interseccionalidade do racismo e do sexismo no contexto francês, ver Christine Delphy, "Antisexisme ou antiracisme? Un faux dilemme". *Nouvelles Questions Féministes*, n. 1, 2006.

mesmo tempo, o estereótipo racista da propensão à violência dos homens negros; inversamente, era quase impossível, para os defensores da luta contra o racismo, denunciar a reiteração do mito racista do Negro violento sem encorajar a tendência sexista, sem negar ou, no mínimo, eufemizar a violência praticada contra as mulheres.[7]

O conceito de interseccionalidade levanta a questão do sujeito político, definido pela posição que ocupa no instante t nas relações de poder dinâmicas e complexas, mais do que por uma identidade definida de uma vez por todas, em um "sistema fechado de diferenças". No caso das mulheres, sua identidade política sempre é "contingente e precária, apenas provisoriamente fixada na intersecção dessas posições de sujeitos e dependente das formas específicas de identificações".[8] Assim, a interseccionalidade, como metateoria da dominação, não deve substituir uma conceituação da dominação que abra espaço para a historicidade e a hibridez das relações de poder constitutivas dos sujeitos políticos.

O conceito de "interseccionalidade" é, portanto, um conceito metodológico. Ele permite experimentar e diagnosticar as epistemologias da dominação, bem como as estratégias de resistências que delas decorrem – mesmo que nunca defina positivamente uma política de luta e de contestação. Do mesmo modo, dentro de seus limites, a interseccionalidade mostrou-se particularmente útil para superar uma conceituação "matemática" da dominação, fecunda na teoria feminista contemporânea. Nessa chave ma-

---

[7] Uma versão contemporânea desse conflito é o caso Clarence Thomas e Anita Hill. Ver Éric Fassin. "Pouvoirs sexuels. Le juge Thomas, la Cour suprême et la société américaine". *Esprit*, n. 177, 1991.

[8] Chantal Mouffe, "Quelques Remarques au sujet d'une politique féministe". *Actuel Marx*, n. 30, 2001, p. 175.

temática, a dupla, até mesmo tripla opressão que as mulheres experimentam, pressuporia que cada relação de dominação se acrescenta à outra. Por exemplo, todas as mulheres estão sujeitas ao sexismo, mas algumas delas estão sujeitas ao sexismo e a uma opressão de classe, outras ao sexismo e ao racismo, outras ao sexismo e à lesbofobia, ou mesmo acumulam o conjunto dessas dominações. Como mostrou a filósofa Elizabeth V. Spelman, tal análise apresenta inúmeras dificuldades, pois ela isola cada relação de dominação e a define de forma cumulativa, *aritmética*. Nessa perspectiva, uma vez erradicado o racismo, as mulheres negras "terão apenas que" suportar o sexismo. Ora, sabe-se que as mulheres racializadas não sofrem uma opressão racista – que compartilhariam com os homens racializados – separada de uma opressão sexista – que compartilhariam com as mulheres "sem mais", ou seja, as "brancas".[9] A análise da classe, do "sexo" e da "raça", que Spelman qualifica de "aditiva",[10] permanece totalmente insatisfatória para a compreensão das modalidades históricas da dominação.

A análise aditiva da dominação define o sexismo como a única relação de poder transversal a todas as mulheres, quaisquer que sejam sua classe, sexualidade, cor, religião etc., fazendo da luta contra o sexismo uma luta prioritária. O sexismo é, então, apontado como um denominador comum que garante as condições de possibilidade de emergência de uma identidade política compartilhada. É, portanto, essa experiência comum do sexismo que permite a constituição e a coesão do sujeito polí-

[9] Cf. E. Dorlin, "Les Blanchisseuses: La Société plantocratique antillaise, laboratoire de la féminité moderne", in H. Rouch et al. (orgs.), *Le Corps, entre sexe et genre*, op. cit.
[10] Elizabeth V. Spelman, *Inessential Woman*. Boston: Beacon, 1988, p. 115.

tico do feminismo em si mesmo – "*Nós, as mulheres*" –, ameaçado de desintegração caso se venha a diferenciar excessivamente as mulheres em função das múltiplas relações de poder às quais estão sujeitas. Ora, se todas as mulheres, de fato, vivem a experiência do sexismo, apesar dessa comensurabilidade da experiência, as outras relações de poder que estruturam o sexismo modificam suas modalidades concretas de realização e, portanto, modificam as vivências das mulheres a um ponto tal que não é possível falar de experiência "idêntica" do sexismo. Nos Estados Unidos, por exemplo, as mulheres afro-estadunidenses historicamente foram vítimas de esterilizações forçadas ou abusivas, enquanto as mulheres brancas eram submetidas, repetidas vezes, a gestações indesejadas e forçosamente levadas a buscar abortos clandestinos.[11] Essas duas modalidades diferentes do sexismo, estreitamente ligadas às políticas de eugenia praticadas nos séculos XIX e XX, geraram experiências fragmentadas que produziram consequências na agenda dos movimentos feministas estadunidenses e europeus.[12]

É principalmente com base nessa crítica que se pode compreender a contribuição maior do feminismo negro no âmbito da teoria feminista. O feminismo negro aponta a tendência do feminismo de se voltar implicitamente para um modo de compreender a dominação que toma a situação de *certas* mulheres pela situação de *todas* as mulheres, pela modalidade universal de seu assujeitamento. Tal forma de pensar reforça uma compreensão simplista da historicidade da dominação, reduzindo-a a um

---

[11] Cf. Angela Davis, *Mulheres, raça e classe*, trad. Heci Regina Candiani. São Paulo: Boitempo, 2016.
[12] Cf. Hazel Carby, "Femme blanche, écoute!", in E. Dorlin (org.). *Black Feminism: Anthologie du féminisme africain-américain (1975–2000)*. Paris: L'Harmattan, 2008.

modelo de oposições binárias (homem / mulher, masculino / feminino, força / fraqueza, produção / reprodução, público / privado, razão / sentimento etc.), por um lado, e pensando as dominações de forma cumulativa, "aditiva" (sexismo + racismo + classe etc.), por outro. Portanto, a política feminista refere-se a um sujeito autocentrado em uma experiência particular que ele tende a absolutizar e, assim, *re*naturaliza a relação de gênero.

Doravante, tudo se passa como se fosse o gênero – as relações entre alguns homens e algumas mulheres, bem como os atributos socialmente construídos do feminino e do masculino – que desempenhasse o papel a princípio desempenhado pelo "sexo". Em outras palavras, o gênero cumpre perfeitamente sozinho a função de *invisibilização* das relações de poder, isto é, sua *naturalização*, cristalizando, para além das sociedades, das classes e dos séculos, um único modo de relação hierárquica entre os sexos, estável e previsível.

> Ensinam-se os homens e as mulheres a ver os homens como independentes, capazes e dotados de poder; ensinam-se os homens e as mulheres a ver as mulheres como dependentes, limitadas em sua capacidade e passivas. Mas a quem se ensina ver os homens negros como "independentes, capazes e dotados de poder" e quem ensina isso? Ensina-se isso aos homens negros? Às mulheres negras? Aos homens brancos? Às mulheres brancas? Do mesmo modo, a quem se ensina ver as mulheres negras como "dependentes, limitadas em sua capacidade e passivas"? Se esse estereótipo está presente de modo tão impositivo, por que então as mulheres negras precisaram se defender das imagens de matriarca e de puta?[13]

13 E. V. Spelman, *Inessential Woman*, op. cit., p. 119.

Nessa perspectiva, a análise aditiva da dominação deve ser evitada, pois induz e mantém, na teoria feminista hegemônica, uma forma de "solipsismo branco"[14] que tem dificuldades de perceber que as mulheres "brancas" de classe média são, de fato, afetadas pelo racismo e pela relação de classe, assim como as mulheres de cor e/ou pertencentes às classes populares. É preciso, sobretudo, pensar as relações em sua ingerência, em sua "consubstancialidade"[15] ou, ainda, a partir de *sua genealogia comum*. O branco é uma cor, um marcador de "raça". Em outras palavras, a experiência de dominação das mulheres WASP (*white anglo-saxon protestant*) da classe média exemplifica o cruzamento das categorias de "sexo", "classe" e "raça" tanto quanto a das mulheres de cor. No entanto, exemplifica introduzindo a questão das relações de dominação entre as próprias mulheres.

De acordo com bell hooks, uma das figuras intelectuais do feminismo negro, isolar o sexismo das outras relações de poder que o estruturam impõe uma representação das mulheres como "vítimas". Dito de outra forma, isso gera uma consciência de si deformada, com dificuldades para pensar posições de poder nas quais ninguém se representa exclusivamente como alvo do poder, mas também como intermediários dele. É o próprio conceito de sororidade que se torna então problemático. "A partir do momento em que as feministas se definiram como uma associação de 'vítimas', não estavam mais obrigadas a se

---

[14] Adrienne Rich, "Disloyal to Civilization: Feminism, Racism, Gynephobia", in *On Lies, Secrets and Silence: Selected Prose 1966–1978*. New York: Norton, 1979.
[15] Danièle Kergoat, "Le Rapport social de sexe". *Actuel Marx*, n. 30, 2001.

confrontar com a complexidade da própria experiência."[16] Assim, a solidariedade entre todas as mulheres está marcada pelo peso histórico da participação mais ou menos ativa de algumas mulheres nas políticas racistas e colonialistas. Ademais, essa categoria de vítima produz um problema maior. Retomar uma categoria ideológica de "natureza feminina", que considera as mulheres "vítimas" passivas de sua condição, é negar-lhes todo poder de agir, inclusive na história de sua libertação.[17]

O gênero e a cor do império

Sob a expressão de "cidadania paradoxal", Joan W. Scott desenvolveu o que constitui a tensão maior das políticas feministas, em especial entre as identitárias. Excluídas dos direitos políticos em nome de sua "natureza", as mulheres se encontram na situação paradoxal de reivindicar tais direitos em nome dessa mesma "natureza", fazendo das qualidades supostamente "femininas" recursos políticos: moralidade, doçura, empatia, senso do concreto... A armadilha é a seguinte: aquilo que me estigmatiza e me identifica constitui o alfa e o ômega da minha identidade política, é o recurso maior da minha libertação. Quando Condorcet defende a inclusão das mulheres no ideal revolucionário dos direitos do homem, ele critica o prejulgamento segundo o qual a "natureza feminina" e, mais especificamente, a maternidade constituiriam uma deficiência no exercício da razão, necessária às funções cida-

---

16 bell hooks, "La Sororité ou la solidarité politique entre les femmes" [1986], in E. Dorlin (org.), *Black Feminism*, op. cit.
17 Ibid.

dãs.[18] Mas é precisamente em nome da "natureza feminina" que as políticas feministas, a partir do fim do século XVIII, serão constantemente tentadas a reivindicar a cidadania. Como escreve Scott a propósito de Olympe de Gouges, redatora, em 1791, da *Declaração de direitos da mulher e da cidadã*, a

> questão não era atestar que as mulheres eram semelhantes aos homens para fazê-las acessar a condição de cidadão, e sim recusar o amálgama dominante do cidadão ativo e da masculinidade; tornar a diferença sexual algo irrelevante na política e, ao mesmo tempo, associar as mulheres – explicitamente como mulheres – à noção de sujeito "ativo". Porém, uma vez que o cidadão ativo já fora definido como um indivíduo masculino, como ela poderia defender a causa das mulheres? A aparente contradição – entre irrelevância e relevância da diferença sexual, entre igualdade e diferença – estava no centro do projeto feminista de fazer das mulheres sujeitos políticos.[19]

A norma de feminilidade que terá direito de cidadania, um ideal definido por e no âmbito da dominação, está inextricavelmente ligada a uma norma dominante da feminilidade. No fim do século XVIII e durante todo o século XIX, essa norma correspondeu a um ideal de gênero, classe e cor ao qual as mulheres brancas, nobres ou burguesas se submetiam quase exclusivamente. Portanto, essa norma de feminilidade exclui de sua definição as mulheres que, a despeito de seu sexo, não podem ser incluídas em uma cidadania pensada com base no

---

18 Elisabeth Badinter (org.), *Palavras de homens*, trad. Maria Helena Martins. Rio de Janeiro: Nova Fronteira, 1991.
19 Joan W. Scott, *La Citoyenne paradoxale*. Paris: Albin Michel, 1998, p. 56.

modelo de uma complementaridade natural, de um comércio civilizado entre os sexos. Em outras palavras, se as mulheres acessam a cidadania, tal cidadania não concerne *a todas as mulheres*, pois nem todas elas foram estigmatizadas e oprimidas segundo a mesma norma de feminilidade. Além disso, a exclusão da "natureza feminina" (pensada como passível, doce, sensível e maternal) constituiu outra modalidade histórica de dominação, particularmente no que concerne às mulheres escravizadas, às indígenas, mas também às prostitutas e às operárias. Como consequência, apenas as mulheres que participam legitimamente da reprodução da classe de cidadãos podem pretender encarnar a norma de feminilidade dominante; somente aquelas que desfrutam dos benefícios sociais e simbólicos da maternidade são admitidas. Das duas uma: ou as mulheres são excluídas da cidadania, ou determinadas mulheres são excluídas da norma de feminilidade.

O que está em jogo aqui é o rebaixamento do ideal republicano, sob a forma histórica da *nação*, no contexto da França colonial. A cidadania, sendo exclusiva (em sua definição primeira, não apenas diz respeito ao sufrágio censitário, como está reservada em absoluto aos homens livres), inevitavelmente institui um direito de sangue sobre o território de seu império. A família moderna representa então, mais do que nunca, um modo de reprodução da estrutura social. E essa família se *embranquece* nos dois sentidos do termo: ela é "branca" na medida em que uma linha de cor delimita as populações livres e cidadãs das populações nativas subjugadas, mas é também moralmente superior diante da exotização dos matriarcados[20] ou patriar-

---

20 Cf. E. Dorlin, "Les Blanchisseuses: La Société plantocratique antillaise, laboratoire de la féminité moderne", op. cit.

cados[21] das populações colonizadas. A figura do cidadão se encarna no "bom pai de família", que se torna um modelo de governo que, dispondo sozinho dos direitos cívicos, goza legitimamente do conjunto da autoridade – paterna e conjugal –, e é favorável à paz dos lares metropolitanos, ao comércio e ao bom entendimento entre os sexos. O cidadão de 1789 torna-se o sujeito legal do Código Civil de 1804. Os primeiros movimentos feministas, na Europa e nas Américas, não deixarão de se despedaçar em função da aporia diferencialista que induz o assujeitamento: aquilo que provocou a submissão das mulheres brancas – a "natureza feminina" – é aquilo que fará delas sujeitos políticos – mães, esposas, filhas de cidadãos. Essa aporia diferencialista é intrinsecamente uma aporia nacionalista, até mesmo racista. A genealogia do sujeito político do feminismo está, portanto, estreitamente ligada a uma definição da "feminilidade". Quando promoveu uma norma dominante da feminilidade, essencialmente centrada na função maternal e nos benefícios simbólicos e sociais que lhes são acordados, o feminismo histórico atuou em prol de uma política nacionalista – cuja ponta de lança foi o "familialismo" –, inclusive no âmbito dos projetos coloniais mais amplamente imperialistas modernos. Virginia Woolf captou perfeitamente esse desafio, para o feminismo, de se precaver contra qualquer proximidade com o nacionalismo, reivindicando que o sujeito político do feminismo seria, por definição, refratário a toda instrumentalização no âmbito de uma definição de identidade nacional: "[...] Como mulher não tenho nenhum país.

---

[21] Desde meados do século XIX, a estrutura patriarcal bárbara das sociedades árabes é um *topos* da literatura colonial que estigmatiza a falta de respeito pelas mulheres e a sua submissão.

Como mulher não quero nenhum país. Como mulher, meu país é o mundo inteiro".[22]

No século XIX, o caso dos Estados Unidos é particularmente revelador dessa tensão, no momento em que mulheres e ex-escravizados reivindicam seus direitos civis. Se diversas associações, no final dos anos 1860, decidiram proceder com uma única e mesma campanha pelo sufrágio dos negros e pelo sufrágio das mulheres, a estratégia foi rapidamente contestada por uma parte de abolicionistas e de feministas. Como aceitar que as mães dos cidadãos "da raça anglo-saxônica", de acordo com as palavras da líder feminista Elizabeth C. Stanton, sejam relegadas a um nível mais baixo do que o dos negros, ex-escravizados, ou do que o dos imigrantes irlandeses recém-chegados? As associações feministas se dilaceram e se dividem em torno da questão perversa da preeminência "legítima" das mulheres, mães, filhas e esposas "brancas" sobre os negros e, *consequentemente, sobre as mulheres "negras"*, excluindo-as pura e simplesmente da categoria "mulheres". Em 1851, durante uma das primeiras conferências abolicionistas, no âmbito das quais foram formadas as primeiras associações feministas, Sojourner Truth, ex-escravizada, militante abolicionista e feminista, subiu à tribuna para interpelar a audiência nos seguintes termos: "Penso que entre as negras do Sul e as mulheres do Norte todas estão falando sobre direitos, os homens brancos logo, logo vão ter problemas [...]. Olhem para mim! Olhem para meu braço! [...] Eu conseguia trabalhar tanto quanto qualquer homem (quando conseguia trabalho), e aguentar o chicote também – e eu não sou uma mulher? Pari cinco crianças e vi a maioria delas ser

---

[22] Virginia Woolf, *Três guinéus*, trad. Tomaz Tadeu. São Paulo: Autêntica, 2019, p. 118.

vendida para a escravidão, e quando chorei meu luto de mãe, ninguém além de Jesus me ouviu – e eu não sou uma mulher?".[23]

Gênero e pós-colonialismo

A expressão contemporânea de tal tensão funciona de forma aguda na distinção entre as mulheres "ocidentais", libertadas, reconhecidas como iguais aos homens, e as mulheres "não ocidentais" – inclusive as que vivem no "Ocidente" –, consideradas vítimas de um patriarcado bárbaro.[24] Aqui, a norma de feminilidade, que funciona em um discurso de igualdade dos sexos, permite mantê-la nos limites estreitos de uma complementaridade simbólica, social ou política dos sexos. Em certa medida, a igualdade, assim definida, substitui a maternidade no centro das retóricas neoimperialistas. A visão da mulher/mãe, promovida nos discursos colonialistas modernos, traduz-se nos discursos imperialistas contemporâneos por uma visão da mulher/feminista. Na tradição das cruzadas do Exército francês na Argélia, no fim do século XIX, a fim de "civilizar" os "árabes" que sequestravam e roubavam suas mulheres e filhas, assistimos a novas cruzadas em nome de um "choque de civilizações" que se apropria das lutas feministas, transformando-as em um estado objetivo do progresso histórico, que

---

[23] Sojourner Truth apud bell hooks, *E eu não sou uma mulher?: Mulheres negras e feminismo*, trad. Libanio Bhuvi. Rio de Janeiro: Rosa dos Tempos, 2019, pp. 252–53. Ver também Gloria Hull, Patricia Bell Scott e Barbara Smith, *All the Women Are White, All the Blacks Are Men but Some of Us Are Brave*. New York: Feminist Press, 1982.

[24] Cf. Chandra T. Mohanty, "Under Western Eyes: Feminist Scholarship and Colonial Discourses". *Feminist Review*, n. 30, 1988.

testemunha o avanço ou o retrocesso dessa ou daquela cultura na Modernidade. A culturalização, até mesmo a racialização, da "igualdade dos sexos", novo valor da Europa ou do "Ocidente", intervém então em um conflito "civilizacional" que estigmatiza, em nome do desrespeito "dos direitos das mulheres", países ou continentes do "Sul" ou do "Oriente". Retomando o argumento de bell hooks, constatamos que o discurso vitimista funciona aqui plenamente, sob uma forma renovada: doravante, as vítimas do sexismo são necessariamente as mulheres de "lá", o que tem a dupla vantagem de invisibilizar, como formas residuais, o sexismo "daqui" – inclusive em suas expressões mais institucionalizadas – e de impor um modelo global de "libertação das mulheres" a todos os movimentos feministas locais, aqui ou em outros lugares. Esse modelo é instituído pelas feministas dos países industrializados mais potentes como uma vanguarda esclarecida do feminismo, o que legitima que elas falem "em nome" das mulheres do "Sul" (inclusive o Sul que se reconstitui no interior dos próprios países do Norte), submisso demais ao patriarcado para tomar a palavra, para elaborar sua libertação. Gayatri Chakravorty Spivak fala de uma "violência epistêmica"[25] que institui os pensamentos e os movimentos feministas "subalternos" como protofeminismos. Assim, o conjunto das críticas, desenvolvido sobretudo por intelectuais indianas que combinam a teoria feminista aos estudos subalternos, permitiu renovar a problemática do sujeito político do feminismo, destacando o problema de sua necessária decolonização.

---

25 Cf. Gayatri Chakravorty Spivak, *Pode o subalterno falar?*, trad. Sandra R. G. Almeida, Marcos P. Feitosa e André P. Feitosa. Belo Horizonte: Editora UFMG, 2014.

Segundo Linda Martín Alcoff, se o pensamento e o movimento feministas conseguiram desconstruir ou transcender de forma crítica a categoria essencialista "*A mulher*", a posição a partir da qual os movimentos feministas históricos lutavam, "*Nós, as mulheres*", também encontrou seus limites: "Atualmente, o dilema que as teóricas feministas enfrentam é o de que nossa própria autodefinição está fundada em um conceito ['as mulheres'] que devemos desconstruir e desessencializar em todos os seus aspectos".[26] Diante dessa dificuldade, parte das filósofas feministas buscou retrabalhar os processos complexos de identificação e desidentificação dos grupos alterizados em geral e do feminismo em particular. O debate no centro da teoria feminista contemporânea não está encerrado: o desafio continua sendo a produção de uma conceitualidade da subjetivação política e de sua relação com as modalidades de assujeitamento. Em outras palavras, processos historicamente determinados por meio dos quais os indivíduos e os grupos dominados forjam para si uma identidade política a partir da qual lutam e se afirmam como sujeitos de sua libertação.

Em sua obra de referência *Am I That Name?*, Denise Riley examina, nas formações discursivas históricas, os múltiplos conflitos de interpretação da categoria "mulheres". Riley fala das "temporalidades históricas" dessa categoria, múltiplas temporalidades da designação que são perceptíveis em escala individual: para qualquer mulher, o fato de se designar, de se colocar como ou de se dizer "mulher" nunca é um ato contínuo e nunca quer dizer exatamente a mesma coisa. "É possível habitar completamente um gênero sem certo grau de horror?

---

26 Linda Alcoff, "Cultural Feminism versus Post-Structuralism: The Identity Crisis in Feminist Theory". *Signs*, v. 13, n. 3, 1988, p. 406.

Como é possível ser 'uma mulher' de novo e de novo, fazer dessa categoria sua morada definitiva, sem sofrer de claustrofobia?"[27] Para Riley, o feminismo deve tomar consciência da instabilidade constitutiva do seu sujeito fundador, levando em conta que esse sujeito está estreitamente ligado a uma categoria de assujeitamento: *"To be, or not to be, 'a woman'"*.[28] O sujeito político do feminismo deve então ser compreendido como uma categoria flutuante, volátil e intrinsecamente errática. Ele não pode ser definido *a priori* e, caso esteja no fundamento dos movimentos e das lutas, incorre no risco de reproduzir e reiterar exclusões.

Ao retomar as análises de Denise Riley, mas também das intelectuais *chicanas*, Judith Butler critica o conceito de "essencialismo estratégico"[29] desenvolvido por Gayatri Spivak; existe uma tensão, por um lado, entre a teoria pós-moderna (e pós-colonial) que tende a desconstruir toda identidade e, por outro, a política contemporânea, tal como praticada em um mundo globalizado que, mais do que nunca, investe nas identidades essencializadas em permanente conflito – Comunidades *versus* Nações, Ocidente *versus* Oriente, Norte *versus* Sul... Nesse sentido, de acordo com Spivak, o pensamento pós-moderno deve fazer um esforço de tradução política de sua crítica, daí a noção de "essencialismo estratégico": "*Nós, as mulheres*" ou "*Nós, as mulheres do Terceiro Mundo*" são formulações que constituem um modelo de interpelação político eficaz, uma condição de possibilidade efetiva de constituição dos movi-

---

[27] Denise Riley, *Am I That Name?* Minneapolis: University of Minnesota Press, 1988, p. 6.
[28] Ibid., p. 113.
[29] G. C. Spivak in *Other Words: Essays in Cultural Politics*. New York: Methuen, 1987, p. 205.

mentos. Essa noção é outra crítica possível do universalismo hegemônico.[30] No entanto, mesmo limitada a um uso estratégico, Judith Butler considera que a categoria política "*mulheres*" não pode ser fundadora.

> Para o sujeito, ser um ponto de partida já dado para a crítica equivale a se desfazer da questão da construção e do ajuste político dos próprios sujeitos; pois é importante lembrar que os sujeitos se constituem por meio de exclusões, isto é, por meio da criação de um domínio de sujeitos sem autoridade, de pré-sujeitos, figuras de abjeção, populações fora do nosso campo de visão.[31]

Se o sujeito do feminismo – "*Nós, as mulheres*" – determina-se anteriormente aos movimentos e às lutas, definindo-se como seu fundamento ou sua condição de emergência e mobilização, ele supõe necessariamente uma determinação negativa – o que esse "*nós*" não é: ontem, as mulheres escravizadas ou colonizadas e seus/suas descendentes, hoje, as migrantes e seus/suas descendentes ou as chamadas mulheres "do Sul". A filosofia política do feminismo deve, portanto, produzir constantemente uma identidade em devir e, por consequência, aceitar o conflito entre os feminismos. O *Nós* do feminismo não deve se construir em um antagonismo entre Nós/Elas;

---

[30] Universalismo hegemônico ao qual Paul Gilroy prefere opor um "Universalismo estratégico" (*Against Race: Imagining Political Culture Beyond the Color Line*. Cambridge: Harvard University Press, 2000).

[31] Judith Butler, "Contingent Foundations: Feminism and the Question of Postmodernism", in J. Butler e Joan W. Scott, *Feminists Theorize the Political*. New York: Routledge, 1992, p. 13. Ver também "Contingent Foundations", in Seyla Benhabib et al. (orgs.), *Feminist Contentions: A Philosophical Exchange*. New York: Routledge, 1995, p. 49.

ele deve refletir as ambivalências de toda identidade política individual como o antagonismo imanente a toda identidade política coletiva.

Isso não significa que o termo "mulheres" não deva ser utilizado; significa que ele não pode ser pré-requisito para a política feminista. Além disso, não basta que o termo "mulheres" amplie ou restrinja sua acepção ao sabor das lutas (um pouco de cor, um pouco de classe, um pouco de idade, um pouco de sexualidade, um pouco de religião... "e misture bem");[32] é preciso que o sujeito do feminismo se mantenha em um esforço permanente de descentramento, que adote pontos de vista minimizados no âmbito de seu movimento. Esse esforço poderá, então, fazer com que apareçam as formas de sujeição em nós mesmas, formas que resistem à subjetivação política. Como escreve a poeta feminista, lésbica, caribenha-estadunidense Audre Lorde, "o real objetivo da transformação revolucionária não podem nunca ser apenas as situações opressivas das quais buscamos nos libertar, mas sim aquele fragmento do opressor que está profundamente arraigado em cada um de nós, e que conhece apenas as táticas do opressor, as relações do opressor".[33]

Os dois corpos do Pai

A articulação das relações de poder se revela uma problemática particularmente heurística para examinar a historicidade das normas da masculinidade. A questão da masculinidade, um

---

[32] J. Butler, *Problemas de gênero*, op. cit.
[33] Audre Lorde, *Irmã outsider*, trad. Stephanie Borges. Belo Horizonte: Autêntica, 2019, p. 153.

pouco negligenciada, possibilita evitar a armadilha metodológica da redução das problemáticas de gênero apenas ao estudo das mulheres. Além disso, o estudo da masculinidade, a partir de uma problemática de gênero, classe e cor, permite introduzir uma forma fundamental de conceitualização da dominação, que chamaremos de *genealógica*.

É difícil compreender a norma dominante da masculinidade em sua historicidade, na medida em que se constitui como a própria forma do Sujeito. Despojado de todas as suas determinações de gênero, de cor e de classe, o Sujeito se aproxima de uma identidade formal que se evidencia como universal, neutra, e cuja expressão mais fiel é certamente dada pela gramática, pelo menos no que diz respeito à língua francesa. São muitos os trabalhos que tornaram possível reinscrever esse Sujeito no âmbito dessas determinações históricas e políticas como homem oriundo da classe dominante.[34] Pode-se assim compreender como a norma dominante da masculinidade constitui um recurso político de grande importância, um recurso cobiçado e/ou contestado, que condiciona tanto os dispositivos de assujeitamento como os processos de subjetivação.

Os sistemas repressivos escravistas ou colonialistas exploraram amplamente o simbolismo do gênero para submeter, humilhar e desumanizar escravizados e indígenas. Desde o século XVIII, médicos, administradores e ideólogos das colônias têm produzido um arsenal retórico de dupla face. Os "negros" e, de maneira relativamente comparável, os "árabes" no século XIX foram infantilizados, afeminados *e* bestializados. A medicina escravista e colonial contribuiu para produzir uma mitologia

---

[34] Ver as principais obras de Eleni Varikas, sobretudo *Penser le sexe et le genre* (Paris: PUF, 2006).

dos corpos servis ou indígenas que os excluiu duplamente da masculinidade branca dominante: uma forma de masculinidade refinada e esclarecida. Ela estigmatizou, um a um, sua "natureza" afeminada, seu temperamento covarde e abatido, sua sensibilidade, sua falta de razão, retomando aqui estereótipos associados ao sexo feminino e sua necessária manutenção na minoridade política, a fim de legitimar o regime escravista como aquele que supostamente promoveria a saúde[35] e a colonização como um empreendimento nobre civilizatório.[36] Porém, esses mesmos discursos também insistiram na força física dos corpos servis ou indígenas, na crueldade de seus costumes, na sua imoralidade, até mesmo amoralidade, principalmente em matéria de sexualidade: estigmatiza-se o apetite libidinoso dos escravizados, acusam-se os nativos da Argélia de todas as perversões sexuais, sobretudo de sua propensão à homossexualidade, que simboliza idealmente o duplo movimento de afeminação e bestialidade. Esse duplo processo de desvirilização e hipervirilização permite produzir uma norma da masculinidade branca, burguesa, que se apresenta como um meio-termo entre dois excessos, uma *virtù* que se caracteriza por uma temperança razoável, moral e sexual. A emasculação simbólica (e em alguns casos efetiva) dos homens escravizados ou colonizados tem então a dupla vantagem de assegurar a sua menor virilidade e de reprimir a sua virilidade animal.

Encontramos em Frantz Fanon um pensamento de violência racista representada pela castração, a emasculação dos negros. *Pele negra, máscaras brancas* apresenta uma psicopa-

---

[35] Ver E. Dorlin, *La Matrice de la race*, op. cit.
[36] Ver Olivier Le Cour Grandmaison, *Coloniser, exterminer: Sur La Guerre et l'État colonial*. Paris: Fayard, 2005.

tologia do negro, baseada nos casos clínicos que Fanon teve a oportunidade de tratar, em sua maioria de homens caribenhos. Nesse livro, Frantz Fanon se opõe a determinados estudos de "psicologia colonial" que afirmam, em particular, que os negros têm complexo de inferioridade e manifestam uma "personalidade" imatura e castrada que os leva naturalmente a se submeter ao homem branco. Contra tais argumentos, Fanon pretende produzir uma psicopatologia do *próprio racismo*: a identidade neurótica do caribenho, as angústias fantasiosas do malgaxe, os distúrbios de personalidade do argelino – são todas patologias produzidas pelo sistema colonial francês, e não a matéria simbólica, o terreno psíquico fértil, propícios à imposição de uma ordem colonial. Em outras palavras, a colonização não responde a uma necessidade psíquica de certos povos que sentem falta da Lei branca, mas cria, como estrutura social opressiva, uma situação neurótica complexa, um *inconsciente racial*. O que nos interessa aqui é a maneira como Frantz Fanon se refere ao falo/pênis. Ele estuda *Psicologia da colonização*, livro publicado em 1950 pelo professor de filosofia Octave Mannoni. Nessa obra, Mannoni propõe uma análise psicológica da colonização na qual considera que certos povos têm em si um "gérmen de inferioridade", o que os tornaria mais propensos a aceitar ou mesmo recorrer à colonização. De modo contrário, o homem branco exibe um complexo de autoridade, de uma personalidade de liderança viril que o torna naturalmente um colonizador. O autor se antecipa a possíveis ataques à psicologização do colonialismo. Ele argumenta que o racismo não vem das elites europeias e, por conseguinte, dos colonos brancos, mas que seria mais propriamente um fenômeno psicológico paralelo, mantido sobretudo pelas classes trabalhadoras e populares. Logo, a conclusão é que a colonização é uma forma de cura psicanalítica pacificadora, inclusive dos conflitos sociais e inter-raciais que a precederiam. Em sua crítica, Fanon se interessa pelo exemplo privilegiado por Mannoni para defender sua tese: os relatos de sonhos de pacientes, adolescentes malgaxes. Todas as narrativas tratam de animais negros – furiosos touros negros, bois vigorosos[37] etc. – que perseguem e assustam; em certos casos, fazem referência direta a fuzileiros senegaleses. Os malgaxes, portanto, estão traumatizados com os negros, e não com os colonos brancos. Fanon desenvolve uma crítica em dois tempos: primeiro, ele mostra que o império colonial francês funciona com base em um "processo de divisão racial da culpa",[38] colocando franceses contra judeus, judeus contra árabes, árabes contra negros, assegurando assim a sua Lei pacificadora do Pai simbólico autoritário que separa os povos indígenas. Em um segundo momento, ele afirma:

> as descobertas de Freud não têm nenhuma utilidade para nós [aqui]. É preciso situar esse sonho em seu tempo, e esse tempo é o período em que 80 mil nativos foram mortos, isto é, um a cada cinquenta habitantes. [...] O touro negro furioso não é o falo. [...] O fuzil do soldado senegalês não é um pênis, mas realmente um fuzil Lebel 1916.[39]

Quanto ao touro furioso, trata-se do vergalho que o colonizador francês colocou nas mãos dos soldados para torturar milhares de malgaxes. As fantasias são *reais*.

[37] Frantz Fanon, *Pele negra, máscaras brancas*, trad. Sebastião Nascimento com colaboração de Raquel Camargo. São Paulo: Ubu Editora, 2020, p. 115.
[38] Ibid., p. 117.
[39] Ibid., pp. 117–20.

A leitura da obra fanoniana e de sua crítica à psicologia colonial remete à crítica mais geral de certo discurso psicanalítico sobre a figura do "Pai" e, por conseguinte, sobre a masculinidade hegemônica, tal como construída historicamente. A realidade da violência colonial e sua transformação em fantasias de colonizados ou de colonizadores poderiam ser relacionadas à genealogia do complexo de Édipo na obra freudiana. Em 1897, Freud renuncia à compreensão dos discursos de pacientes segundo a teoria da sedução (*neurótica*), que associava a ocorrência de sintomas com agressões sexuais na infância, e passa a compreendê-los a partir do complexo de Édipo, que remete esses sintomas a fantasias sexuais recorrentes:

> Fica evidente que essa renúncia reparou consideravelmente a figura daquele cujo papel na sedução se manifestava com uma insistência monótona: o pai, que até então tinha sido questionado. Posteriormente, a estátua do complexo de Édipo, que é um dispositivo interno do sujeito, eclipsou quase que totalmente as situações de sedução real, ao ponto de se tornar clássico e sensato desconfiar, em todo caso, de que na alegação de situações de sedução há uma defesa contra as fantasias edipianas.[40]

O estabelecimento do universal edípico representa um momento-chave na história da masculinidade e de suas prerrogativas: o do estabelecimento de um dispositivo de saber/poder que consistiu em simbolizar o poder patriarcal, então contestado, e instituí-lo como figura psíquica: o Pai. Como analisa Michel Tort,

---

[40] Michel Tort, *La Fin du dogme paternel*. Paris: Flammarion, 2007, p. 408.

[a] ideia de que a violência é basicamente a expressão de impulsos constituintes é perfeitamente conveniente àqueles que acreditam que a ordem que rege as gerações e a relação entre os homens, as crianças e as mulheres é desprovida de violência, mas reveste a própria figura da ordem das coisas.[41]

A ordem simbólica imposta pelo Édipo remete, assim, a uma ordem histórica: o Pai simbólico é aquele que contraria a contestação histórica do poder patriarcal – uma contestação cuja história pode ser descrita,[42] e cujo apogeu se dá em 1968. A lei do Pai, constitutiva de uma nova ordem simbólica supostamente a-histórica, assemelha-se ao último sobressalto do dogma paterno, que se mantém em seu fundo sobre uma estrutura patrimonial e patriarcal de dominação. *O pai está morto, viva o Pai.* O Pai, o falo e seu poder separador original nada mais são do que um dispositivo histórico pelo qual se tenta manter a "diferença entre os sexos e as gerações", ou seja, o assujeitamento das mulheres, a heterossexualização do desejo e o monopólio da violência doméstica legítima. É também um dispositivo histórico colonial que participou – e continua a participar – da manutenção da "diferença entre as raças e os povos", ou seja, da subjugação dos povos indígenas, da heteroculturalização dos povos e do monopólio da violência colonial legítima.

O discurso psicanalítico hegemônico, ao produzir um saber sobre a verdade da família (que define estruturas familiares

---

41 Ibid., p. 411.
42 A crítica ao poder político como poder paternal (século XVII), a Revolução Francesa, a intensificação do modo de produção capitalista (século XIX), os movimentos antifascistas, os movimentos anticoloniais, os movimentos feministas, gays e lésbicas (século XX)... Cf. M. Tort, *La Fin du dogme paternel*, op. cit., p. 1.

não patogênicas e estruturas familiares patogênicas), tornou-a uma das técnicas de poder mais perenes do governo dos corpos e, mais ainda, um modelo de *governamentalidade*. A estrutura normativa não é nem uma estrutura natural nem simbólica, mas uma estrutura social – "verdadeira fonte conflitual",[43] como escreve Fanon – que mascara sua própria historicidade e fez do inconsciente uma de suas estratégias disciplinares mais eficazes.

Essa ordem simbólica nunca foi tão poderosa quanto na retórica contemporânea do "declínio do Pai", preocupada com a desintegração da função simbólica deste e com suas consequências para o equilíbrio psíquico da família e, mais particularmente, para um de seus membros: o Filho. Ao enraizar o declínio nos movimentos de libertação das mulheres, e de maneira mais ampla de libertação sexual, clamam contra uma tendência de afeminar a sociedade "ocidental", como evidenciado por certa indiferenciação dos papéis sexuais e parentais: diz-se que os homens se tornaram sensíveis, mesmo covardes, os "homens de família", a norma dominante da masculinidade homossexual. A afeminação geral da sociedade é semelhante a uma forma de castração vingativa dos homens pelas mulheres, que estariam tentando impor uma ordem da Mãe, uma matrifocalidade simbólica que anuncia a decadência da França, ou mesmo do Ocidente, diante de outro lugar – o Oriente – bárbaro, cuja suposta violência patriarcal provoca medo e fascínio. Outra variante neocolonial de tal discurso, que ficou particularmente evidente durante as revoltas urbanas de outubro de 2005, na França, é um pouco diferente. Podemos considerá-la a partir de uma visão monocausalista que remonta à era industrial: algumas pessoas afirmam que os verdadeiros pais,

---

[43] F. Fanon, *Pele negra, máscaras brancas*, op. cit., p. 114.

afetados pela máquina do capital, postos de joelhos pelo liberalismo, fulminados pelo desemprego, deixaram os filhos com uma imagem deletéria do Pai simbólico, de modo a abandoná-los sem um ponto de referência. Por trás dos pais reais, aos quais se faz referência, estão na verdade os trabalhadores surgidos na imigração colonial dos Trinta Gloriosos,[44] os quais são estigmatizados. É como se esses homens assediados pelo racismo fossem "por natureza" demissionários ou mesmo incapazes de encarnar a Lei Simbólica: o Estado resolveu então impor o toque de recolher. A violência dos filhos mostra-se despolitizada num processo de patologização excessiva que faz surgir uma violência instintiva, virilista. Consideremos a relação geracional entre os homens racializados por um complexo de inferioridade dos pais, castrados pelo poder colonial, até um complexo de superioridade reativa dos filhos, que se expressa por meio de uma hipervirilidade selvagem, à margem da lei. Em ambos os casos, o discurso falocêntrico age em função da distribuição assimétrica do privilégio simbólico da virilidade: para falarmos sem rodeios, nem todos os pênis são falos. Assim, tal perspectiva oculta com eficácia o modo como uma governamentalidade lança mão de uma norma paternalista e virilista de masculinidade sob o disfarce de uma psicologização da ordem política. As normas de masculinidade que circulam entre o Estado – e mais amplamente entre os políticos – e os que aderem às revoltas parecem ser recursos políticos impostos e aporéticos. Ao responder à exortação virilista, os "jovens periféricos" se deparam aqui com "as limitações de uma

---

[44] O termo se refere ao período de trinta anos de reconstrução da Europa logo após a Segunda Guerra Mundial, caracterizado pelo crescimento econômico e pelo estabelecimento do Estado de bem-estar social. [N. E.]

perspectiva que busca restabelecer a masculinidade em lugar de trabalhar cuidadosamente por algo como sua transcendência".[45] É na transcendência dessa masculinidade, virilista e racista ao mesmo tempo, que se deve encontrar um ponto de convergência entre o pensamento e os movimentos feministas históricos e o pensamento e os movimentos antirracistas e pós-coloniais emergentes.

---

45 Paul Gilroy, *O Atlântico negro: Modernidade e dupla consciência*, trad. Cid Knipel Moreira. São Paulo: Editora 34, 2001, p. 364.

FILOSOFIAS DA IDENTIDADE E "PRÁXIS QUEER"

> *Por muito tempo achei que seria engraçado chamar o que eu fazia na vida de terrorismo de gênero. Hoje, porém, vejo as coisas de um jeito um pouco diferente – os terroristas de gênero não são as drag queens, as sapatões caminhoneiras... as mulheres promíscuas. [...] Os terroristas de gênero não são transexuais* female to male *que aprendem a olhar as pessoas nos olhos quando andam na rua... Os terroristas de gênero são aqueles que batem a cabeça contra um sistema de gênero real e natural, e que usam o gênero para nos aterrorizar. São estes os verdadeiros terroristas: os Defensores do Gênero.*
> KATE BORNSTEIN, *Gender Outlaw*, 1995.

"Práxis queer": subversão ou subjugação das normas?

Literalmente, "queer" significa "estranheza", "esquisitice", "anormalidade". O termo é comumente utilizado como insulto homofóbico: "bicha". No início do século XX, em Nova York, a expressão era mobilizada como gíria homossexual. Ela passou a ser uma categoria de autoidentificação, ligada a uma prática de orgulho, hoje já clássica, que consiste em inverter o conteúdo infame de um insulto – antiparástase. É uma das muitas palavras que circulam na abundante "subcultura" sexual.

Entre "queers" encontramos[1] "gays", "trades", "fairies", "fags" ou "faggots", "queens", "sissies", "drag", "wolves", "punks"...[2] São todas designações que permitem identificar alguém ou se autoidentificar de acordo com diferentes práticas sexuadas ou sexuais codificadas, e não segundo uma "natureza" ou "essência" patologizada. Como aponta o historiador George Chauncey, o Harlem foi, no início do século XX, um lugar de experimentação política, intelectual e sexual. O bairro era vigiado pelos poderes públicos, que mantinham "uma vasta 'indústria do vício', controlada em grande parte pelos brancos",[3] e que administravam estabelecimentos (proibidos às pessoas negras) onde os clientes podiam ver uma versão totalmente reconstruída da cultura negra (grupos de *jazz*, shows "exóticos", baseados numa erotização de estereótipos racistas). No entanto, uma "práxis queer"[4] popular se desenvolveu em grande parte nos interstícios dessa teia normativa e repressiva de práticas e identidades sexuais, ancorando-se de forma dissonante em uma série de preconceitos sexistas, homofóbicos e racistas. Em certa medida, foi porque a nebulosa gay e lésbica não branca não podia incorporar as normas sexuais e racistas dominantes, um modelo inatingível de respeitabilidade e reconhecimento, que se tornou possível desenvolver códigos

---

1 Ver George Chauncey, *Gay New York (1890–1940)*. Paris: Fayard, 2003. Sobre práticas e identidades lésbicas durante o mesmo período, ver Eric Garber, "A Spectacle in Color: The Lesbian and Subculture of Jazz Age Harlem", in G. Chauncey et al., *Hidden From History: Reclaiming Gay and Lesbian Past*. New York: Plume Books, 1990.
2 "Punks" se refere inicialmente aos jovens amantes procurados pelos "wolves".
3 G. Chauncey, *Gay New York (1890–1940)*, op. cit., p. 310.
4 Tomo essa expressão emprestada de Paul B. Preciado in Sam Bourcier, *Queer Zones, la trilogie*. Paris: Éditions Amsterdam, 2018, p. 176.

sexuais alternativos ou excêntricos. Essa codificação da práxis queer se deu na encenação excêntrica, exuberante e paródica de normas dominantes em matéria de sexo, sexualidade e cor. As "loucas flamejantes" dos bailes gays do Harlem – o mais famoso era o do Hamilton Lodge – competiam pelo título de rainhas, fosse de atriz de Hollywood, *femme fatale*, nova-iorquina chique etc.[5] O que se encena é tanto o *status* racial como o sexual, fazendo da feminilidade branca, dominante e racializada, uma verdadeira "mascarada":[6] reforçando-a *e* desestabilizando-a, ao mesmo tempo, como padrão de referência e ideal. Didier Eribon, a propósito da teatralidade própria da homossexualidade, diz o seguinte: "É justamente [...] porque um homossexual deve por tanto tempo *performar o que ele não é* que ele só pode *ser o que é* performando". Aqui, porém, a "encenação de si", característica dos sujeitos estigmatizados e marginalizados por conta de sua sexualidade, é replicada em uma lógica do tipo *mise en abîme*.[7] É o que Eve Kosofsky Sedgwick descreve como a "fonte inesgotável de energia transformadora"[8] de uma vida que se mantém em meio à vergonha: o racismo acentua esse processo de encenação de si que a cultura queer dos bailes [*balls*] de Nova York, na virada do século, dramatizou de modo exuberante, expondo os privilégios da classe dominante ao imitá-los.

---

5 G. Chauncey, *Gay New York*, op. cit., p. 330.
6 Tomo aqui a definição de "mascarada" conforme desenvolvida pela psicanalista Joan Rivière em 1929. Ver Pascale Molinier, *L'Énigme de la femme active*. Paris: Payot, 2006.
7 Em estética, trata-se de um efeito metalinguístico em que há o espelhamento infinito de uma mesma imagem. Pode ocorrer no cinema, nas artes plásticas e na literatura. [N. E.]
8 Eve Kosofsky Sedgwick, "Queer Performativity". GLQ, n. 1, 1993, p. 4.

Em 1990, é lançado um documentário, intitulado *Paris is Burning*, dirigido pela estadunidense Jennie Livingston, acerca dos *balls* nova-iorquinos dos anos 1980. Tais bailes eram organizados pela comunidade lésbica, gay, transexual ou transgênero[9] desde os anos 1960 e 1970. Neles, eram realizados vários concursos de dança e beleza, dentre outros, colocando em disputa as casas [*houses*] (pequenas comunidades organizadas de gays e transexuais ou transgêneros dos círculos afro-estadunidenses ou latinos), seguindo a tradição do Harlem queer do início do século XX. Tendo se tornado objeto de culto, *Paris is Burning* causou controvérsia em torno da questão das práticas e das identidades excêntricas, e mais particularmente das práticas de "drag" (termo que, literalmente, refere-se ao cross-dressing).[10] No filme, uma das palavras de ordem das drag queens é "*be real*" (seja real). Seria essa valorização da realidade do gênero compatível com a sua desnaturalização? Será que essas práticas contribuem para a subversão das normas dominantes – de sexo, "raça", sexualidade, classe – ou para a sua *re*idealização, numa relação de subjugação de sujeitos estigmatizados e marginalizados? Em torno do documentário e da polêmica que se seguiu, faz-se também uma crítica ao novo movimento político e teórico queer, que (res)surgiu nos anos 1990 nos Estados Unidos.

---

9 Cf. "A polícia do real *vs.* a política trans", neste livro.
10 Uma verdadeira cultura, a prática "drag" consiste em performar todos os traços característicos de uma mulher (drag queen) ou de um homem (drag king), lançando mão de todos os artifícios e posturas do feminino e do masculino, mesmo que isso signifique levá-los ao seu paroxismo.

A "teoria queer" é uma expressão utilizada por Teresa de Lauretis em um texto de 1991.[11] Nesse texto-manifesto, ela opera o mesmo movimento crítico que o pensamento feminista faz alguns anos antes acerca das "mulheres". As identidades "lésbicas e gays" se tornam identidades que tendem a homogeneizar as diferentes identidades sexuais, mas também de cor e classe, que envolvem e dão forma a nossas sexualidades. Em outras palavras, elas contribuem para a *re*naturalização do binarismo homossexual / heterossexual, com base no modelo do binarismo entre homens e mulheres, em vez de torná-lo mais complexo. Assim como na política feminista no contexto da mobilização dos anos 1960 e 1970, a constituição de um sujeito político das lutas lésbicas e gays ocorreu num momento crucial e vital de mobilização contra a epidemia da Aids e a falta de uma política de prevenção. No entanto, a agenda política dos movimentos não deve ficar no lugar de uma reflexão efetiva sobre a questão dos sujeitos políticos desses movimentos. Desde o seu início, a "teoria queer" se propôs a tarefa de pensar o sujeito político da sexualidade e questionar o sujeito homossexual como implicitamente gay, branco e economicamente privilegiado.

> Em última análise, é justamente porque a sexualidade é tão inevitavelmente pessoal, é por ela entrelaçar tão inextricavelmente o eu com os outros, a fantasia e a representação, o subjetivo e o social, que as diferenças raciais e de gênero são um tema crucial

---

11 Teresa de Lauretis, "Queer Theory: Lesbian and Gay Sexualities. An Introduction". *Théories queer et cultures populaires de Foucault à Cronenberg*. Paris: La Dispute, 2007, p. 100. Ao mesmo tempo, em Nova York, foi formado o emblemático grupo de ativistas Queer Nation contra a violência homofóbica, lesbofóbica, transfóbica, sexista e racista.

para a teoria queer, e é por isso que somente o diálogo crítico pode proporcionar uma compreensão melhor da especificidade e da parcialidade das nossas histórias, assim como dos desafios apresentados por algumas de nossas lutas comuns.[12]

Assim, não é só a questão da articulação entre sexualidade e racismo que precisa ser questionada, mas também aquela entre sexo, gênero e sexualidade (drag queen, drag king, as identidades lésbicas butch/femme[13] e as identidades transexual e transgênero).

A práxis queer levanta a questão da subversão das identidades sexuais e a formula de uma nova maneira. A questão pode ser pensada em termos de uma epistemologia política das práticas de resistência. Amplamente inspirado na filosofia foucaultiana, o conceito queer de subversão assume que não há posição fora do poder – "*um* lugar da grande Recusa – alma da revolta, foco de todas as rebeliões"[14] –, e sim múltiplos exercícios de resistência: "possíveis, necessárias, improváveis, espontâneas, selvagens, solitárias, planejadas, arrastadas, violentas, irreconciliáveis, prontas ao compromisso, interessadas ou fadadas ao sacrifício".[15] Em outras palavras, simplificando provisoriamente

---

12 Ibid., p. 113.
13 Identidades lésbicas que mobilizam códigos masculinos/femininos. Ver Gayle Rubin, "Of Catamites and Kings: Reflections on Butchs, Gender and Boundaries", in Susan Stryker e Stephen Whittle, *The Transgender Studies Reader*. New York: Routledge, 2006; e Christine Lemoine e Ingrid Renard (orgs.), *Attirances: Lesbiennes fems, lesbiennes butchs*. Paris: Éditions Gaies et Lesbiennes, 2001.
14 Michel Foucault, *História da sexualidade I: a vontade de saber*, trad. Maria Thereza da Costa Albuquerque e J. A. Guilhon Albuquerque. Rio de Janeiro: Graal, 1999, p. 91.
15 Ibid.

as diversas práticas compreendidas muito rapidamente sob o mesmo rótulo "queer", não existe um fora do "sexo". Por isso, as múltiplas práticas e identidades sexuais (de gênero e sexualidade) que circulam constantemente na cultura queer não podem ser pensadas como meras "imitações" das normas dominantes. As práticas de resistência, portanto, não remetem a uma abolição utópica do "sexo", mas, antes, à subversão do sistema dominante, fundado no *dimorfismo* (macho/fêmea, masculino/feminino), no *causalismo* (anatomia/*ethos*, sexo/gênero, aqui entendidos como significados cultural e socialmente aceitos do feminino e do masculino) e no *heterossexismo* (heterossexualização do desejo e falocentrismo).

Judith Butler: se tudo é construído, logo...

Em 1990, Judith Butler publicou *Problemas de gênero*, que aborda a problemática "sexo/gênero" nos seguintes termos: "[O gênero designa] o aparato mesmo de produção mediante o qual os próprios sexos são estabelecidos [...]. Ele também é o meio discursivo/cultural pelo qual 'a natureza sexuada' ou 'um sexo natural' é produzido e estabelecido como 'pré-discursivo', anterior à cultura, uma superfície politicamente neutra *sobre a qual* age a cultura".[16]

O gênero é o que constrói "o caráter fundamentalmente não construído do 'sexo'".[17]

No último capítulo do livro, a filósofa elabora seu conceito principal, o de "performance/performatividade de gênero".

---

16 J. Butler, *Problemas de gênero*, op. cit., p. 25.
17 Ibid.

Ela parte da ideia de que o corpo é "modelado por forças políticas com interesses estratégicos em mantê-lo limitado e constituído pelos marcadores sexuais".[18] Em outras palavras, o corpo, o corpo sexuado, não é o fundamento inabalável, a base natural das hierarquias e divisões sociais. O corpo sexuado não é a causa – nem mesmo a ocasião – de uma relação de poder, mas sim o efeito desta, no sentido de que é moldado e disciplinado por essa relação, que remete a um sistema de dominação articulado à heterossexualidade obrigatória. Essa disciplina, essa "matriz heterossexual" (o que Butler também chama de matrizes da hierarquia de gênero e da heterossexualidade obrigatória), definida como uma relação histórica de poder, visa ao corpo, ao mesmo tempo que o produz como um corpo sexuado. Consequentemente, o corpo não é uma materialidade pura, pré-cultural, pré-discursiva, "virgem" de todo poder, aquém dessa produção disciplinar que o constitui.

> Em outras palavras, os atos e gestos, os desejos articulados e postos em ato criam a ilusão de um núcleo interno e organizador do gênero, ilusão mantida discursivamente com o propósito de regular a sexualidade [...]. O deslocamento da origem política e discursiva da identidade de gênero para um "núcleo" psicológico impede a análise da constituição política do sujeito marcado pelo gênero e as noções fabricadas sobre a inferioridade inefável de seu sexo ou sua verdadeira identidade.[19]

O gênero constitui, assim, o corpo em identidade inteligível no âmbito da matriz heterossexual, produzindo um modo de

---

18 Ibid., p. 185.
19 Ibid., p. 195.

inteligibilidade de *seu* próprio corpo e, por conseguinte, de *si*: ordenando aos indivíduos que declarem seu sexo, seu gênero, sua sexualidade, a ler sua "verdadeira identidade", seus desejos "soterrados", seu "eu autêntico", pelo prisma desse "ideal normativo".[20] Isso também serve para invisibilizar todas as estratégias de incorporação dessa disciplina, todos os mecanismos sociais de integração das identidades de sexo, gênero e sexualidade. Retomando as teses de Michel Foucault em *Vigiar e punir*, Butler pensa a "produção disciplinar de gênero"[21] como um conjunto de práticas reguladoras, discursivas e físicas, que produz uma "corporeidade significante" de identidade pessoal "viável", da pessoa, como uma *pessoa inteligível, porque um gênero a habita.*[22] Assim, o gênero é pensado como instrumento e também como efeito.

A partir desse ponto, o estabelecimento do conceito de performatividade / performance de gênero permite a Butler, por um lado, analisar em detalhes o processo de internalização de normas, de códigos dominantes de inteligibilidade de identidade própria, como um processo coercitivo; por outro, permite-lhe concentrar-se em uma das modalidades desse processo, até então pouco trabalhada pela filosofia feminista: a saber, as modalidades discursivas dessa internalização, dessa encarnação de normas. Inspirando-se, para tanto, no filósofo

---

20 Ibid., p. 108.
21 Ibid., p. 194.
22 "Uma 'alma' habita [o homem] e o leva à existência, que é ela mesma uma peça no domínio exercido pelo poder sobre o corpo. A alma, efeito e instrumento de uma anatomia política; a alma, prisão do corpo." Michel Foucault, *Vigiar e punir: Nascimento da prisão*, trad. Raquel Ramalhete. Petrópolis: Vozes, 1999, p. 29.

da linguagem John Austin[23] e em sua distinção entre enunciados descritivos, enunciados constatativos e enunciados performativos, Judith Butler visa ao funcionamento discursivo da disciplina do gênero e define seus enunciados "típicos" como *performativos*. Os enunciados de gênero são comumente entendidos como "constatativos" ou "declarativos": como em uma consulta ginecológica, quando se atesta "é uma menina!" ou "é um menino!"; quando lemos "uma mulher lava a louça", "um homem vê televisão"; quando assinalamos "F ou M" nos documentos administrativos, ou mesmo ao pronunciarmos nosso nome... Para Judith Butler, tais enunciados costumam ser "performativos" na medida em que *fazem o que dizem*. E o que eles dizem? O que eles fazem? Eles fazem "sujeitos generificados", no sentido de que circunscrevem aqueles que devem endossá-los ou proferi-los. Esses atos de fala produzem seus próprios agentes, seus próprios criadores/locutores: os atos generificados que nos identificam utilizam sujeitos generificados para realizá-los. O conjunto dessas práticas discursivas, que são rituais sociais coercitivos que realizamos para nos distinguirmos, para nos destacarmos, para encarnar um "homem" ou uma "mulher", é um enunciado performativo que faz o que diz: *eu sou* uma mulher ou *eu sou* um homem. Usando o exemplo dos clássicos enunciados performativos – "Eu os declaro marido e mulher" ou "Você está preso" –, Butler mostra que o enunciado do agente de registro civil ou, mais ainda, o do ultrassonografista que examina a grávida no quinto mês de

---

23 Cf. John Austin, *Quando dizer é fazer*, trad. Danilo Marcondes de Souza Filho. Porto Alegre: Artes Médicas, 1990. Ver também Pierre Bourdieu, *Linguagem e poder simbólico*, trad. Fernando Tomaz. Rio de Janeiro: Bertrand Brasil, 1989, e J. Butler, *Le Pouvoir des mots*. Paris: Éditions Amsterdam, 2004.

gravidez – "é uma menina!" ou "é um menino!" – é performativo.[24] De fato, nessas situações em que o ultrassonografista é colocado em uma posição de autossuficiência num local institucional – o consultório médico ou hospital –, o ultrassom faz do feto um indivíduo generificado, no sentido de que o gênero participa intrinsecamente da definição dominante do indivíduo – aqui em processo de devir. A partir daí, não estamos mais esperando uma "criança"; estamos esperando uma "menina" ou um "menino". Além disso, o ultrassonografista não determina a identidade sexual do feto, pois para isso teria de realizar um conjunto de testes – com efeito, aqueles que são considerados cientificamente relevantes na determinação do sexo, no âmbito de nascimentos de crianças intersexo.[25]

O gênero, portanto, não é um fato, um dado, mas um conjunto de práticas disciplinares e um conjunto de atos discursivos que funcionam, que se realizam. Neste último caso, é uma *relação discursiva em ato* que se mascara como tal. Isso é evidenciado pelo fato determinante de que o gênero como forma performativa deve ser constantemente repetido, não tem eficácia sem sua própria reiteração: não basta postular o gênero uma única vez, ele não é descritivo nem performativo; deve ser seguidamente repetido. É essa repetição permanente no interior de um marco regulatório que Butler chama de estilo: "o gênero é a estilização repetida do corpo".[26] A repetição discursiva literalmente toma corpo. O corpo é o efeito da repetição dos atos de fala ao longo do tempo. O gênero como performativo, portanto, é constantemente repetido: trata-se de um ritual que

[24] J. Butler, *Corpos que importam: os limites discursivos do "sexo"*. São Paulo: n-1 edições; crocodilo, 2019, p. 384.
[25] Ver o capítulo "Historicidade do sexo", neste livro.
[26] J. Butler, *Problemas de gênero*, op. cit., p. 59.

nos exortam a realizar. Entretanto, é justamente nessa exortação à repetição do mesmo que a relação de gênero se expõe de modo a ser desmascarada como *relação social* (ou seja, como construção e como dominação).

Isso significa que essa relação social é desrealizada por Judith Butler? Pelo contrário, se a performatividade do gênero se assemelha a uma coerção política que torna possível sua construção social no modo ontológico, como algo que está desde sempre presente,[27] não é porque a matriz heterossexual é também uma produção discursiva que ela não é "real", opressora, eficiente. Assim, longe de reduzir o gênero a um "simples" discurso, longe de desrealizar a dimensão fundamentalmente violenta de suas relações, Butler desenvolve o conceito de performatividade de gênero para pensar a materialização deste em sua construção discursiva e social, que os corpos se veem obrigados a colocar em ato por meio de sua estilização. A "construção 'obriga' nossa crença em sua necessidade e naturalidade [...]. Se esses estilos são impostos, e se produzem sujeitos e gêneros coerentes que figuram como seus originadores, que tipo de performance poderia revelar que essa 'causa' aparente é um 'efeito'?".[28]

Inversamente, não é porque as drag queens "atuam" tipos de feminilidade que elas não são "reais". Mas essa realidade é heterodoxa, fora da norma, perturbadora.

> Nas produções de real [*realness*] dos bailes drag, testemunhamos e produzimos a constituição fantasmática de um sujeito, um sujeito que repete e mimetiza as normas de legitimação pelas quais ele próprio é degradado, um sujeito fundado no projeto de domínio

---
27 Ibid.
28 Ibid., pp. 199–200.

que obriga e rompe com sua própria repetição. Não é um sujeito que mantém distância de suas identificações e decide instrumentalmente como ou qual delas utilizar; pelo contrário, o sujeito é a imbricação incoerente e mobilizada de identificações; ele é constituído em e mediante a iterabilidade de sua performance, uma repetição que funciona para ao mesmo tempo legitimar e deslegitimar as normas do real [*realness*] pelo qual ele é produzido.[29]

O conceito de "potência de agir"

Ao passar da *performatividade do gênero* aos "vários estilos corporais"[30] heterodoxos, reprimidos, ressignificados, às performances de gênero, Butler trata de compreender a própria lógica da relação do gênero e suas fissuras. Se os enunciados específicos da disciplina de gênero não são constatativos nem declarativos, se funcionam como performativos, então essa disciplina requer uma produção performativa continuada e repetida. A repetição é, ao mesmo tempo, sua condição de possibilidade e de eficácia, e ainda o que a faz falhar. É na repetição, a repetição incoerente, ininteligível, a repetição inadequada, defasada em relação ao performativo, que reside a sua possível subversão. Subverter a performatividade do gênero joga com a relação entre dizer e fazer: performar de maneira incoerente e ininteligível o que se diz que eu sou, o que eu digo que sou. A subversão acontece quando dizer é "desfazer".

---

29 J. Butler, *Corpos que importam*, op. cit., p. 224. As inserções entre colchetes no trecho são das tradutoras. [N. T.]
30 Id., *Problemas de gênero*, op. cit., p. 199.

Já em 1990, Judith Butler diz: "A paródia não é subversiva em si mesma, e deve haver um meio de compreender o que torna certos tipos de repetição parodística efetivamente disruptivos, verdadeiramente perturbadores, e que repetições são domesticadas e redifundidas como instrumentos da hegemonia cultural".[31]

O questionamento de Butler sobre as performances subversivas poderia remeter ao que John Austin chama de "enunciados infelizes". Em outras palavras, sob que condições um enunciado performativo não funciona? De que modo os performativos de gênero podem ser infelizes, ou seja, improdutivos em matéria de normas de gênero? É esse o caso emblemático das performances drag: elas não são subversivas em si mesmas, mas nos permitem entender como colocar em questão a performatividade de gênero, expondo as condições materiais, as relações de poder, que a tornam eficaz: assim como a dominação é performativa em seu funcionamento e efetivação, a subversão também é.

Para Judith Butler, trata-se de mostrar que o sujeito marcado pelo gênero não é a causa, mas sim o *efeito* de seus discursos e atos. O que a drag queen performa por meio da exuberância e da subversão é exatamente equivalente ao que fazemos todos os dias quando somos "normalmente" homem ou mulher: seja eu, seja a drag queen, o que fazemos é performance. Não se trata de haver falsificação, maquiagem, lantejoula e paródia de um lado, e, de outro, o verdadeiro, o autêntico, o natural, ou seja, o modelo da paródia. A essência do argumento de Butler é mostrar que em matéria de gênero não há um *modelo original*, não há

---

[31] Ibid., p. 198. Butler vai repetir isso em *Corpos que importam* (op. cit., p. 208) e em *Défaire le genre* (Paris: Éditions Amsterdam, 2006, pp. 233–61).

um gênero autêntico: o gênero é uma paródia sem original. "Ao imitar o gênero, o drag [king] revela implicitamente a estrutura imitativa do próprio gênero – assim como sua contingência."[32]

As performances dos drag kings são decisivas aqui. Como Jack Halberstam demonstrou, a masculinidade dominante que preside as relações de poder heterossexuais (e também as relações de classe e de cor) é particularmente complexa de performar, porque parece indeterminada, neutra, plana.[33] Pelo contrário, as masculinidades subalternas (o "rapper" negro, o "marginal" suburbano, o "proletário" do Norte etc.), como a feminilidade, são facilmente transformadas em "caricatura", pois são figuras determinadas em relação a um figura de referência, que é o Sujeito – branco, burguês, heterossexual, com uma masculinidade refinada. Podemos nos perguntar, portanto, se as técnicas discursivas dominantes não "organizam", em certa medida, o próprio fracasso. A dimensão performativa das identidades sexuais (também sociais ou de cor) seria ainda mais eficaz na medida em que não "fizesse" ou não "fabricasse" apenas sujeitos dominantes. É como se certas performances fossem imediatamente representadas como originais, autênticas e reais, enquanto outras são paródicas e inautênticas. A relação de poder orquestra assim uma forma de ontologização de certas performances por meio de um jogo de imitações e cópias mais ou menos parecido com o verdadeiro Sujeito. Esse processo fica particularmente evidente no contexto do racismo e do colonialismo. O tornar-se sujeito dos colonizados remete à norma racializada de um Sujeito que é

---

32 Id., *Problemas de gênero*, op. cit., p. 196.
33 Judith [Jack] Halberstam, "Mackdaddy, Superfly, Rapper: Gender, Race, and Masculinity in the Drag King Scene". *Social Text*, Duke University Press, n. 52–53, 1997.

perfeitamente encarnada pelo homem branco. Entretanto, uma das táticas preferidas do poder colonial é caracterizada pelo que Homi K. Bhabha chama de ambivalência da imitação: "quase a mesma, mas não exatamente".[34] É um processo que não só mantém o outro fora do mundo dos dominantes – sempre numa performance imperfeita e infeliz da norma –, excluindo-o, assim, por ser um impostor, mas que também tem todo controle sobre ele, pois, enquanto ele tenta copiar, não inventa novos modos de resistência. Na verdade, para ser eficaz, a imitação deve sempre "acrescentar" – ela é excessiva por definição. E é graças a esse excesso – um excesso impossível de mascarar por completo – que dominados podem ser levados em consideração. O sujeito colonizado, subalterno, imita e por isso ele é; mas, justamente por imitar, ele nunca será verdadeiramente. As masculinidades subalternas se dão sempre no âmbito dessa imitação insatisfatória da masculinidade refinada, plana e dominante, num excesso virilista que as torna suspeitas. Assim, obrigado a performar a identidade dominante, nunca sou eu que me produzo como Sujeito (dos meus atos, dos meus discursos, das minhas mímicas), porque sou sempre desmascarado como imitador. Por outro lado, o que eu produzo, o que eu realizo, é o Branco como original, o Branco como Sujeito autêntico.

A subversão das normas de gênero, portanto, passa também por uma crítica à categoria histórica de Sujeito. É por ocasião dessa crítica que Judith Butler desenvolve seu conceito de "potência de agir": performar de forma excêntrica, heterodoxa, incoerente, ininteligível – um processo que, sem essa repeti-

---

34 Homi K. Bhabha, *O local da cultura*, trad. Myriam Ávila, Eliana Lourenço e Gláucia Gonçalves. Belo Horizonte: Editora UFMG, 1998. p. 130.

ção, não poderia assegurar suas condições de reprodução – permite produzir outros sujeitos e sobretudo outras matrizes de produção de sujeitos. O fato é que tais sujeitos subversivos se expõem a uma violência repressiva que só pode ser contrariada pela constituição de um sujeito político. A concepção butleriana de subversão não implica que a matriz heterossexual, uma vez denunciada como paródica, dissolva-se, quase magicamente, em uma multiplicidade de "matrizes rivais e subversivas de desordem do gênero".[35] Muitos fizeram críticas à filosofia de Butler, às vezes ingênua ou sarcasticamente, no que diz respeito a deixar dominadores perante sua responsabilidade, como se o problema fosse que permanecessem subjugados, presos à sua crença na onipotência da dominação "meramente discursiva". Isso significa esquecer a força punitiva que a dominação exerce contra todos os estilos corporais que não são compatíveis com a relação heteronormatizada que preside a articulação das categorias reguladoras do sexo, do gênero e da sexualidade, a força punitiva que atenta contra a vida desses corpos (violência e crimes sexistas, homofóbicos, lesbofóbicos ou transfóbicos). A análise de Butler sobre a cena drag revela de fato estratégias políticas viáveis e define táticas coletivas eficazes, entre outras possíveis. Se o sujeito é construído em seus atos e por seus atos (os quais ele é obrigado a realizar e repetir); se o sujeito é um ato performativo no sentido de que o que eu digo, o que eu faço, produz um locutor, generificado, que o profere, e um agente, generificado, que o efetua, deve-se inferir que o sujeito não é pré-discursivo, que o sujeito não é preexistente à sua ação. Em outras palavras, nossa potência de agir não tem como condição de possibili-

---

[35] J. Butler, *Problemas de gênero*, op. cit., p. 39.

dade uma identidade substantiva, um sujeito atuante, "uma estrutura pré-discursiva do eu e de seus atos".[36] Em sua forma dominante, essa identidade substantiva obviamente não aparece como generificada, como mostram as performances dos drag kings: o ideal moderno do Sujeito é pensado sob uma forma de indeterminação, de universalidade, que corresponde de fato a um processo de invisibilização das interpelações do Sujeito dominante – como macho, burguês, heterossexual, branco. A disciplina de gênero começa assim com a imposição de um modo de constituição do sujeito que envolve uma tipologia hierárquica de sujeitos sexuais inteligíveis.

A questão do sujeito político, e mais particularmente a questão do sujeito do feminismo, é assim reapresentada por Judith Butler. Em certa medida, pode-se dizer que uma das modalidades mais eficazes de disciplina de gênero é impor modos de constituição do sujeito político que tornam aporética a contestação: considerando, por exemplo, que o sujeito político do feminismo ("*Nós, mulheres*") é um pré-requisito para qualquer ação, o feminismo performa uma identidade foracluída – coercitiva, ainda que socialmente construída – que repete, reitera, um agente que, longe de solapar as normas dominantes, confirma sua pertinência e inteligibilidade, tal como definidas pela matriz heterossexual e racial. Assim, ou o feminismo é essencializado e identifica seu sujeito com a acepção dominante do sujeito "Mulher" (excluindo todos os sujeitos que performam essa identidade, repetindo-a de forma "inadequada"); ou o feminismo cai na consciência infeliz de uma perda de saber de si que o torna impotente para agir – quem é o "Nós" do feminismo? Agir em nome de quem? A potência subversiva de agir

---

36 Ibid., p. 205.

do feminismo, portanto, está condicionada à possibilidade de renunciar a esse postulado epistemológico de sujeito coletivo prévio à ação coletiva. É somente na ação como parte de um processo constante de ressignificação que o sujeito do feminismo é construído, efetuado e contestado, ou seja, ele redefine constantemente os próprios contornos. Nesse sentido, Judith Butler rejeita uma concepção forte do "sujeito" da filosofia feminista contemporânea, uma concepção que não pense em coalizões políticas entre movimentos, em virtude de uma concepção do sujeito que segue como o fundamento da potência de agir. Ela privilegia, pelo contrário, o que poderia ser chamado de epistemologia da subversão "não fundacionalista".

TECNOLOGIAS DO SEXO

Dito isso, boa sorte, meninas, e boa viagem.
VIRGINIE DESPENTES, *Teoria King Kong*, 2004.

Sexo "natural", sexo "artificial": *Gode saves the king*[1]

A epistemologia da subversão toma a devida nota da relação de poder operante na produção e na definição dos próprios termos que a compõem. Em outras palavras, trabalha sobre o fato de que esses termos (homens/mulheres, masculino/feminino, heterossexual/homossexual, ativo/passivo etc.) não têm realidade nem pertinência dentro ou fora da relação antagônica que os constitui. Portanto, o foco de qualquer política subversiva não consiste tanto em superar, destruir ou abandonar esses termos, e sim em desafiar, perturbar e transformar a relação que os engendra, ou seja, em subverter o dispositivo de saber e de poder por trás da ontologização dos sexos. A política de subversão, assim, pode levar ou a uma mutação dos sexos, de modo que eles se tornem intercambiáveis, irreconhecíveis e, portanto, inéditos; ou à sua difração e multiplicação. Porém, a

---

[1] Trocadilho entre os termos *God* [Deus] em inglês e *gode* [dildo] em francês. [N. T.]

finalidade não é o sexo (como invariante insuperável ou categoria a ser abolida), mas sim a relação de poder que o produz *aqui e agora*. No âmbito do pensamento feminista, a questão da subversão das identidades suscitou um amplo debate que se cristalizou em torno de três grandes culturas teóricas e políticas: a questão das identidades e sexualidades lésbicas, a questão da pornografia – e do que ficou conhecido como "pós-pornô" – e a questão das políticas *trans* (transexual, transgênero).

Uma das percepções comuns da cultura lésbica é a leitura de todas as identidades, as práticas e os códigos sexuais lésbicos por meio da heterossexualidade. Em termos históricos, a sexualidade lésbica foi comumente considerada *não sexual*, uma brincadeira entre garotas, em contraste com o coito reprodutivo. Entretanto, a crescente visibilidade de certas identidades, práticas e códigos sexuais lésbicos, tais como performances dos drag kings, as identidades butch/femme, a tecnossexualidade (sobretudo a sexualidade que envolve dildos e cintas), o sadomasoquismo lésbico,[2] especialmente dentro dos movimentos feministas, mudou a compreensão da sexualidade lésbica. Diz-se que essas culturas estão intimamente ligadas às normas dominantes de masculinidade e feminilidade, as quais são percebidas como imitações da masculinidade e suas prerrogativas, e que mantêm a ideia de que a heterossexualidade é a causa do desejo lésbico. A análise das culturas lésbicas em questão se concentra na sua suposta imitação ostensiva do patriarcado heterossexual e, portanto, na sua maior ou menor cumplicidade no que diz respeito à sua perpetuação. Ao adotar códigos sexuados rígidos (masculino/feminino), ao realizar práticas polarizadas (dominante/dominado), ao utilizar objetos para atividades sexuais, certa sexualidade lésbica refor-

---

[2] Ver Lynda Hart, *La Performance sadomasochiste*. Paris: Epel, 2003.

çaria, em vez de subverter, o heterossexismo. A polêmica alimentou o que, na teoria feminista do outro lado do Atlântico, ficou conhecido como "*sex war*".

Até certo ponto, a percepção polêmica da sexualidade lésbica é desenvolvida pela própria Simone de Beauvoir em "A lésbica", controverso capítulo de *O segundo sexo*. O texto de Beauvoir tem início com a revogação da tese da "inautenticidade" da lésbica:

> Definir a lésbica "viril" pela sua vontade de "imitar o homem" é votá-la à inautenticidade. Já disse a que ponto os psicanalistas criam equívocos aceitando as categorias masculina-feminina tais como a sociedade atual as define. Com efeito, o homem representa hoje o positivo e o neutro, isto é, o masculino e o ser humano, ao passo que a mulher é unicamente o negativo, a fêmea. Cada vez que ela se conduz como ser humano, declara-se que ela se identifica com o macho.[3]

A ambivalência em Beauvoir é constante: por um lado, valoriza-se a sexualidade lésbica por entender que ela se dá em condições de "igualdade",[4] de tal modo que as parceiras sejam alternadamente "sujeito e objeto", "soberana e escrava";[5] por outro, estigmatiza a calma e a doçura dos abraços e da ternura carnal entre as mulheres, em comparação com a volúpia fulminante, vertiginosa, do êxtase entre um homem e uma mulher.[6]

Beauvoir rejeita a tese da "inautenticidade", e sua crítica aponta não para a suposta inautenticidade da chamada lésbica

---

[3] Simone de Beauvoir, *O segundo sexo*, trad. Sérgio Milliet. São Paulo: Difusão Europeia do Livro, 1967, p. 148.
[4] Ibid., p. 159.
[5] Ibid., p. 156.
[6] Ibid., p. 160.

"viril" (por seu *ethos* ou pelas ferramentas de que ela se utiliza), mas a inautenticidade fundamental dos discursos da sexologia e da psicanálise que identificam objetivamente no lesbianismo uma forma de determinismo por vezes vinculado a um desequilíbrio hormonal ou a um trauma (apego infantil "anormal" à mãe, experiências heterossexuais "infelizes" etc.), fazendo do lesbianismo o *efeito* de um distúrbio fisiológico ou psicológico. Nesse sentido, ela restitui certa liberdade sexual às mulheres e, portanto, pensa a escolha sexual como efeito de uma liberdade subjetiva. Beauvoir, porém, também denuncia a "má-fé" daquelas que persistem em uma virilidade artificial: "[A lésbica] permanece evidentemente privada de órgão viril: pode deflorar a amiga com a mão ou usar um pênis artificial para imitar a posse: não deixa contudo de ser um castrado".[7] Aqui, a inautenticidade da lésbica fica evidente. Ao usar um dildo, a lésbica agiria com má-fé, no sentido de que abusaria de sua própria liberdade em detrimento da verdade, brincando de acreditar que é o que não é: um homem. Mas Beauvoir não é coerente: ao utilizar as categorias de homem e mulher – e, ainda por cima, com base em um referente anatômico –, atribui ao dildo um discurso dominante que ela mesma critica. Nesse sentido, o que podemos reter do argumento de Simone de Beauvoir é o fato de que juízos sobre o "real" e o "artificial", o "modelo" e a "cópia", constituem sempre um juízo retrospectivo induzido por uma relação de poder. O pênis como o sexo "verdadeiro", oposto à falsidade, à artificialidade do dildo, oculta mal a historicidade da sexualidade e das técnicas que participaram da naturalização de uma prática, entre outras possíveis, baseadas no postulado de que os sexos são binários.

[7] Ibid., p. 152.

Paul B. Preciado propõe uma genealogia de "tecnologias do sexo" a partir de práticas protéticas. Preciado cita, em particular, a obra de Jules Amar, diretor do "laboratório de próteses militares e trabalho profissional" na década de 1920, autor de *La Prothèse et le travail des mutilés* [A prótese e o trabalho dos mutilados], de 1916. Ele foi um dos primeiros a trabalhar com os corpos de soldados mutilados para desenvolver próteses, braços, pernas, o que poderia permitir que esses corpos fossem recolocados em funcionamento na grande máquina industrial. Como mostra Preciado, não se tratava de trabalhar com próteses sexuais: um amputado ou incapacitado não devia ser confundido com um "impotente, alguém incapaz de um restabelecimento funcional".[8] A prótese sexual, o dildo, marca assim o limite da era industrial protética: o que ocorre é que a prótese, de início pensada como um substituto artificial, uma cópia mecânica de um órgão vivo, modificou profundamente a própria percepção do corpo. "Se o corpo masculino (órgãos sexuais incluídos) pudesse ser prosteticamente construído, também poderia, pois, ser des-construído, des-locado e, por que não, substituído."[9]

O privilégio moderno do domínio técnico pelos homens está se desintegrando ao longo do processo de industrialização capitalista, que visa à maximização mecanicista da força de trabalho, na qual o fator humano é gradualmente dominado pela própria tecnologia. A grande indústria operou assim "essa singular inversão da relação instrumental, [na qual] o operador

---

8 Paul B. Preciado, *Manifesto contrassexual*, trad. Maria Paula Gurgel Ribeiro. São Paulo: n-1 edições, 2014, pp. 162–63.
9 Ibid., p. 163.

se torna apêndice da máquina".[10] Ainda assim, a condenação e a patologização do que se poderia chamar de tecnossexualidade tiveram início no século XIX, no exato momento em que o corpo, no âmbito do trabalho, é fragmentado na relação de produção capitalista. Se os corpos do trabalhador ou do soldado são literalmente despedaçados, a integridade do "corpo sexual masculino" é ilusória. Não o corpo efetivo de *todos os homens*, mas sim a encarnação de certo ideal burguês. É como se o pênis não pudesse ser "protetizado", desprendido do corpo. Claro que isso não significa que a sexualidade, assim como o trabalho na fábrica, não estava sujeita a "agenciamentos somatotécnicos",[11] como disse Grégoire Chamayou. Entretanto, esse agenciamento somatotécnico da sexualidade consistiu justamente em naturalizar práticas sexuais de penetração no referencial único da heterossexualidade reprodutiva. O uso do dildo é então remetido a um desvio, uma inversão, como na patologização do lesbianismo.

Assim, a prótese tecnológica não vem tanto a suplementar o órgão vivo, mas a transformá-lo no âmbito de um dispositivo de poder: o homem fica tão incapacitado quando não tem mais como usar este ou aquele membro quanto em situações em que é privado desta ou daquela prótese. Longe de ratificar a naturalidade perdida do corpo e suas capacidades "puras", Preciado mostra, ao contrário, a impossibilidade de traçar limites claros entre o "natural" e o "artificial", entre o "corpo" e a "máquina", e conclui que cada desenvolvimento tecnológico reinventa uma "nova condição natural".[12] O dildo permite modificar a

---

[10] Grégoire Chamayou, "Prefácio", in Ernst Kapp, *Principles of a Philosophy of a Technique*. Paris: Vrin, 2007, p. 37.
[11] Ibid., p. 38.
[12] P. B. Preciado, *Manifesto contrassexual*, op. cit., p. 165.

geografia erógena do corpo, destacando-o de sua referência falocêntrica: ele pode ser colocado na mão, no púbis, mas também na perna, no braço. A possível proliferação de suplementos penetrantes sinaliza uma "mutação do corpo biológico" e permite uma nova "narrativa tecnológica que não pode ser lida como uma transgressão de gênero".[13]

É a partir dessa perspectiva que o "Manifesto ciborgue" de Donna Haraway deve ser compreendido. Rompendo com certo feminismo tecnofóbico, ela percebe a urgência, para o pensamento e a prática feministas, de investir politicamente na técnica. O dildo, tal como é utilizado na sexualidade lésbica, poderia ser um bom exemplo desse investimento. Em vez de ser a marca de uma incapacidade, ele inaugura uma nova condição corporal, novas potencialidades, autônomas em relação a suas referências orgânicas, perturbando as relações de poder heterossexuais existentes. "Precisamos de regeneração, não de renascimento, e as possibilidades para nossa reconstituição incluem o sonho utópico da esperança de um mundo monstruoso, sem gênero."[14]

A tecnologia pornográfica ou a "verdade do sexo"

Os debates sobre pornografia no pensamento feminista são numerosos e altamente controversos. Não se trata aqui de

---

[13] Jeanne E. Hamming, "Dildonics, Dykes and the Detachable Masculine". *European Journal of Women's Studies*, n. 3, 2001, p. 339.
[14] Donna Haraway, "Manifesto ciborgue: Ciência, tecnologia e feminismo-socialista no final do século xx", in Tomaz Tadeu (trad. e org.), *Antropologia do ciborgue: as vertigens do pós-humano*. Belo Horizonte: Autêntica, 2000, p. 98.

restituir a sua complexidade, mas sim de propor uma genealogia da pornografia, entendida como uma tecnologia que se inscreve no quadro mais amplo do estabelecimento de um "regime de veridição"[15] – que compreende normas quanto ao verdadeiro e o falso – referente à "verdade do sexo" e sua subversão. A pesquisa, portanto, reflete sobre as condições que tiveram de ser cumpridas para que a pornografia constituísse o sexo "verdadeiro". Não se trata de criticar a pornografia como uma representação ilusória do sexo: a crítica recai sobre as práticas reais que estabeleceram, por meio da pornografia, um regime de verdade que produz uma distinção entre o verdadeiro e o falso. A pornografia é um objeto histórico complicado (definição, cronologia etc.), motivo pelo qual vou me deter aqui no que chamo de "pornografia de massa", e que me parece ser o ponto problemático e discutível para o pensamento feminista.

No que diz respeito à pornografia, as feministas têm comumente se dividido em dois campos: aquelas para as quais a pornografia é inerentemente heterossexista, um meio privilegiado para a violência contra as mulheres e que deveria, como tal, ser proibida; e aquelas para as quais a pornografia, em virtude de seu próprio *status* de meio privilegiado pelo qual certa verdade sobre o sexo é produzida e disseminada, configura uma forma de subversão das normas sexuais. Até certo ponto, as duas posições, por mais antagônicas que sejam, não deixam de compartilhar uma posição comum: a pornografia,

---

15 "O regime de veridição não é uma certa lei da verdade, [mas sim] o conjunto de regras que permitem estabelecer, a propósito de um discurso dado, quais enunciados poderão ser caracterizados, nele, como verdadeiros ou falsos." (Michel Foucault, *Nascimento da biopolítica*, trad. Eduardo Brandão. São Paulo: Martins Fontes, 2008, p. 49.)

supostamente, representa a "verdade do sexo". Do lado das pensadoras feministas que se opuseram à pornografia, o argumento de Catharine MacKinnon, uma das representantes mais interessantes da posição proibicionista, está intimamente ligado à legislação estadunidense em matéria de liberdade de expressão. Para MacKinnon, os filmes da indústria pornográfica não são apenas imagens, representações livremente postas em cena da sexualidade; eles produzem e reproduzem a realidade da sexualidade, da heterossexualidade, na medida em que ela se constitui inerentemente como uma violência contra as mulheres. O ato sexual, no pensamento de Catharine MacKinnon, é inerentemente sexista: a heterossexualidade é baseada em uma hierarquia de papéis sexuais, é a ponta de lança da dominação sobre as mulheres, violenta por definição. Dessa forma, toda prática sexual – heterossexual ou homossexual – que implique diferenciação dos papéis sexuais (por exemplo, uma diferença, mesmo que aleatória ou temporária, entre passivo•a e ativo•a, entre penetrado•a e penetrante, entre objeto de gozo e sujeito de gozo) é por definição sexista, na medida em que esses papéis de poder são articulados no feminino e no masculino. A realidade da sexualidade, e a ideia de que a pornografia revela sua verdade – ou seja, sua violência intrínseca –, é tomada ao pé de letra por MacKinnon. Como tal, os filmes pornográficos são reais e mostram a verdade do sexo. Essa realidade é dupla: por um lado, as atrizes dos filmes não "atuam", elas foram realmente submetidas às cenas sexuais que são filmadas e, portanto, foram de fato submetidas à violência intrínseca da sexualidade; por outro, os filmes produzem a sexualidade "real" dos homens, ou seja, a sexualidade no sentido de que faz as mulheres "serem expostas, humilhadas, violadas, degradadas, mutiladas, amputadas, amarradas, amordaçadas, torturadas e assassinadas"[16] (MacKinnon faz referência aqui, em parte, aos filmes *snuff*)[17]. Assim, ao falar dos homens que assistem aos filmes pornográficos e que são eles próprios atores (uma vez que se masturbam e gozam diante desses filmes), MacKinnon acredita que, "por meio dos produtos visuais, eles *fazem essas coisas ao vê-los, ao mesmo tempo que são feitos. O que há de real não é que esses produtos são imagens, e sim que fazem parte de um ato sexual*".[18] Nessa análise, ela considera que a câmera é um dispositivo técnico que pressupõe fazer realmente o que será capturado em filme como a realidade de um ato – nesse caso, um ato sexual –, tendo em vista que a essência da pornografia não é um ato sexual fingido, atuado, mas um ato efetivamente realizado. Desse modo, Catharine MacKinnon contribuiu ativamente para a proibição da pornografia – heterossexual, e também gay, lésbica, S&M ou queer –, desafiando a proteção da Primeira Emenda da Constituição estadunidense em matéria de liberdade de expressão.[19] Muitas pensadoras feministas, opostas a MacKinnon, têm se interessado pela pornografia não como verdade / realidade do sexo, e sim pelos mecanismos, técnicas e produção da representação pornográfica da sexualidade como representação verídica do sexo. A pornografia utiliza técnicas de veridição do sexo, ou seja, coloca-se como a verdade do sexo, o que assegura – ideológica e economicamente – seu *status* de grande meio iniciático.

---

16 Catharine MacKinnon, *Ce ne sont que des mots*. Paris: Des Femmes, 2007, p. 20.
17 Filmes que retratam um assassinato ou um estupro supostamente real.
18 C. MacKinnon, *Ce ne sont que des mots*, op. cit.
19 Ver Id., *Le Féminisme irréductible*. Paris: Des Femmes, 2005; e J. Butler, *Le Pouvoir des mots*, op. cit.

Nesse sentido, Linda Williams, com base na obra de Michel Foucault e do historiador do cinema Jean-Louis Comolli, analisa a economia do visível operante na produção pornográfica, que ela descreve como um "frenesi do visível", segundo a tradução proposta por Sam Bourcier em seu comentário sobre Williams:[20] "[...] ao estudar Foucault, começamos a entender como a invenção (cinemática) da fotografia é mais do que uma simples tecnologia de registro; ela faz parte dessa verdadeira vontade de saber/poder da *scientia sexualis*".[21] A questão não é tanto questionar a dimensão eminentemente heterossexista – e também racista – da produção pornográfica em massa, mas sim analisar como ela se realiza como verdade, invisibilizando qualquer outra produção pornográfica possível. Isso porque os filmes pornográficos supostamente mostram, sem nenhuma distância, a verdade da sexualidade, e são percebidos como o melhor meio de aprendizado sobre sexualidade por quem quer aprender "como" fazer sexo.

A construção do realismo pornográfico e a ideia de que a representação realista (os filmes aparentemente não são estilizados, e são quase que exclusivamente em cores) corresponde a uma representação verdadeira do sexo se articulam por meio de três grandes técnicas de exibição que poderiam ser compreendidas como parte do que Linda Williams pensa ser um princípio de "visibilidade máxima", próprio do discurso positivo do saber/poder pornográfico: a técnica de fragmentação corporal, o registro voyeurístico do orgasmo, de forma sexualmente diferenciada (a confissão, ou confidência, para o orgasmo feminino) e, finalmente, a imagem-tempo falocêntrica.

---

20 S. Bourcier, *Queer Zones*, op. cit., p. 349.
21 Linda Williams, *Hard Core: Power, Pleasure, and the "Frenzy of the Visible"*. Berkeley: University of California Press, 1999, p. 48.

Como aponta Williams, a primeira técnica é a do enquadramento pornográfico, que consiste em uma fragmentação dos corpos. Essa técnica de enquadramento, característica da indústria pornográfica, enfoca em primeiro plano os órgãos genitais, numa vontade de saber que se assemelha a uma percepção "científica" dos órgãos genitais. Na minha opinião, são empregadas aqui as mesmas técnicas de enquadramento da antropometria moderna (percepção supostamente objetiva de características fenotípicas, quantificação e classificação dessas características, seleção das que seriam mais típicas, separação em classes de indivíduos – "raças" de homens, "degenerado•a•s", "criminoso•a•s" etc.), adaptadas aos órgãos genitais, com uma tendência a produzir estereótipos genitais: enquanto todo pênis é necessariamente desproporcional, os órgãos genitais femininos – assim como as características sexuais secundárias, como os seios – são estereotipados em classes de mulheres (loira / morena, branca / negra-asiática..., certinha / atrevida, frígida / quente-ninfomaníaca etc.). Igualmente em correlação à cinemática (proposição de Williams), pode-se levantar a hipótese de que a etnografia colonial e a antropologia do século XIX contribuíram amplamente para a codificação técnica do campo visual pornográfico como representação verídica do sexo. Os estereótipos fotográficos antropológicos e etnográficos, um importante gênero de ilustração científica, abundam nas coleções acadêmicas: cartões-postais distribuídos aos soldados do Exército francês na África ou na Ásia, lembranças de exposições no Jardin d'Acclimatation, e as exposições universais do final do século XIX e início do XX.[22] O sujeito colonial é um sujeito de

---

22 Veja os cartões-postais de "cenas e tipos" (1885–1930), Leïla Sebbar e Jean-Michel Belorgey, *Femmes d'Afrique du Nord*. Paris: Bleu autour,

fascinação sexual e racial. São também os únicos corpos nus, erotizados ao extremo pelo próprio regime de veridição científica, que vemos em família e em total "inocência".

A segunda técnica é a do registro voyeurístico do orgasmo, de uma maneira sexualmente diferenciada. O modo como Linda Williams trata desse ponto é particularmente interessante. Ela analisa como a verdade do gozo feminino é produzida na forma de confissão involuntária ou de confidência. O filme pornográfico de massa toma o formato de um documentário: contra a suposta capacidade feminina de fingir o orgasmo, ele pretende capturar a verdade do orgasmo feminino – inclusive o da própria atriz; daí a falta de reconhecimento da atuação das atrizes.[23] A atriz de filmes pornográficos é uma figura metonímica da "natureza feminina". A busca pelo "verdadeiro" orgasmo feminino é posta em cena pelo argumento recorrente do estupro em produções pornográficas de massa: "Nesses argumentos [estupro ou sequestro], as possíveis manifestações de prazer da vítima da relação não consentida são apresentadas como um tipo de evidência de sinceridade que em outras circunstâncias pareceria menos óbvia".[24] O prazer é tão mecanicamente produzido, à custa de qualquer consentimento, como o sorriso mecânico é produzido pela eletricidade ou quanto a crise histérica é estimulada pela manipulação de Charcot.[25] Ele é tomado em sua naturalidade e provocado, es-

---

2002; e Jennifer Yee, *Clichés de la femme exotique: Un Regard sur la littérature coloniale française entre 1871–1914*. Paris: L'Harmattan, 2000.
23 Ver S. Bourcier, *Queer Zones*, op. cit., p. 355.
24 L. Williams, *Hard Core*, op. cit., p. 50.
25 Ibid., p. 53. Sobre a crise histérica, pode-se ler Rachel Maines, *Technology of Orgasm: "Hysteria", the Vibrator, and Women's Sexual Satisfaction*. Baltimore: Johns Hopkins University Press, 1998.

timulado ao infinito como uma experiência que nunca termina de confirmar uma verdade. Nessa perspectiva, os efeitos sonoros típicos da produção pornográfica, as respirações ofegantes e os gritos espontâneos de gozo feminino, acentuam ainda mais o nível fisiológico da experiência do prazer feminino: expressões reflexas, que ocorrem de forma incontrolável, que aniquilam qualquer discurso, suspeitamente inverídico, incluindo qualquer expressão articulada de recusa ou consentimento. Por fim, o que chamamos de imagem-tempo falocêntrica da verdade pornográfica se refere à própria temporalidade do gozo sexual. O início e o fim de uma cena de sexo sempre terminam com o gozo masculino. O que confere ritmo ao sexo – quando o sexo "de verdade" começa e quando termina – é exclusivamente a ejaculação masculina (remetendo toda estimulação ou masturbação clitoriana – e, portanto, qualquer gozo feminino efetivo – a "preliminares"). E o prazer masculino é sempre mostrado no exterior do corpo penetrado (vagina, boca, ânus): o esperma é o que se mostra em maior grau. Após o(s) ator(es) ter(em) ejaculado, o que muitas vezes "provoca" magicamente o orgasmo da própria atriz, a cena termina.

A pornografia em massa é violenta. Entretanto, o que está em jogo aqui não é tanto a condenação da pornografia como *essencialmente* violenta, mas sim a crítica ao regime de veridição que ela institui em matéria de sexualidade. Uma pornografia não sexista, não lesbofóbica ou não racista só é possível se os códigos e as técnicas da pornografia de massa forem deslocados: se essa verdade sobre o sexo for marginalizada, se forem mostradas outras verdades sobre o orgasmo feminino, sobre a relação com o próprio corpo, bem como com o outro corpo (o que implica uma crítica a outras técnicas de alterização relacionadas ao sexo, à cor, à classe); só é possível se as condições materiais de possibilidade forem elaboradas de outra forma: o conhecimento de si, da própria anatomia, da própria saúde, da palavra dita e ouvida, do consentimento, do jogo (entendido aqui como reconhecimento da mobilidade das posições de poder nas sexualidades, mas também como reconhecimento do "jogo" como forma de trabalho). Tal pornografia, longe de ser uma estetização da dominação, é uma das raras políticas de educação sexual alternativa.[26] Caberá a seus detratores dar início a outras.

A polícia do real *vs.* as políticas trans

A autoidentificação sexual (aqui no sentido preciso da autoidentificação como "homem" ou "mulher") está no cerne da cultura "trans": transexual ou transgênero, ou seja, de uma autoidentificação que implica um processo de redesignação médica (cirúrgica e/ou hormonal), ou não.[27] Essa redesignação médica é uma das mais regulamentadas na França (desde 1992, a França permite a retificação dos documentos de registro civil, sob a condição de que seja acompanhada pela "autoridade competente", após ter sido condenada pela Corte Europeia de Direitos Humanos por violação do artigo 8 da Convenção referente ao respeito à vida privada): os protocolos impõem

---

26 Por exemplo, pode-se ver o trabalho de Annie Sprinkle, ex-atriz de filmes pornográficos de massa, *performer*, educadora sexual e atriz de filmes pornográficos feministas e/ou lésbicos.

27 Sigo aqui a distinção feita por Maud-Yeuse Thomas: "Distingo esses dois tipos de modo transidentitário para colocar em perspectiva esses dois tipos de construção/desenvolvimento, e não como dois grupos homogêneos e opostos (um muda de [sexo], o outro não)", no artigo "La Controverse trans" (*Mouvements*, out. 2007).

tratamentos pesados, cirurgias muitas vezes pouco propensas a aprimorar suas técnicas para oferecer um conforto mínimo para seus/suas "pacientes", e um acompanhamento psiquiátrico drástico, extremamente conservador em matéria de normas sexuais. A razão disso é que as pessoas trans são definidas como "doentes": para a grande maioria dos psiquiatras, elas sofrem de uma "disforia de gênero" ou de uma "inversão de identidade de gênero".

A partir de 1980, a medicina passa a classificar oficialmente o "transexualismo" como "transtorno de identidade de gênero" ou "disforia de gênero", ao lado da "identidade sexual ambígua (identidade hermafrodita)". As duas classificações que se impõem são do *Manual de diagnóstico e estatística* (DSM IV) – o DSM é uma ferramenta de classificação publicada pela Associação Estadunidense de Psiquiatria – e da Classificação Internacional de Doenças publicada pela OMS. Ambas viriam a ser revisadas em 2008. Entre os critérios para identificar o distúrbio estão: "a identificação intensa e persistente com o sexo oposto", "a sensação persistente de desconforto em relação ao próprio sexo e aos comportamentos e papéis concomitantes" e "um sofrimento clinicamente significativo causado pela condição".

Qualquer requerimento de redesignação só é aceito com base nesse postulado psiquiátrico, o que Karine Espineira chama de "chantagem emocional: '*Deixem-me fazer a operação, senão me mato*'".[28] As pessoas trans incluídas nos protocolos devem dar provas biográficas e psicológicas de seu desconforto, narrar-se de tal forma que a dimensão patológica de

---

28 Karine Espineira e Maud-Yeuse Thomas, "2 Lesbotrans se pose des Q", in Marie-Hélène [Sam] Bourcier, *Q comme Queer: Les Séminaires Q du Zoo (1996–1997)*. Lille: Cahiers Gai Kitsch Camp, 1998, pp. 100–04.

sua autoidentificação fique clara ("Você usava vestidos quando era criança?"; "Você gostava de rosa?"; "Você sempre foi mais *machona*?" etc.).

> Já que só existem dois sexos e dois gêneros, e já que o sexo produz o gênero – e não o contrário, que fique claro –, qualquer coisa que vá além, inclusive o continente obscuro e insondável da androginia psicanalítica, é potencialmente um transtorno, uma zona cinza, uma afecção. O paradigma binário sexista, como pano de fundo, alimenta a ideia de que essas "minorias sexuais" são problemáticas, doentes, ainda que essas pessoas minorizadas sejam minorias generificadas que desfazem a relação dogmática sexo = gênero.[29]

Aqui, o poder não "retifica um erro da natureza" como no caso da intersexualidade; ele "trata um transtorno de personalidade": em ambos os casos, o monopólio da intervenção técnica legítima sobre a *Natureza* – por meio da medicina institucional – é sempre preferível ao questionamento da coerência do dispositivo sexo, gênero e sexualidade pelas transidentidades.[30]

Por muito tempo, o pensamento e a política feministas se mostraram desconfiados das pessoas trans, suspeitando que elas reforçavam a binariedade sexual (homem ou mulher), em vez de contestá-la ou revertê-la: isso levou à conclusão de que as mulheres trans, por exemplo, não podem ser feministas por terem nascido homens. A fim de legitimar essa relação de desconfiança, algumas feministas têm mobilizado com frequência definições

---

[29] M.-Y. Thomas, "La Controverse trans", op. cit.
[30] Ver o romance emblemático de Leslie Feinberg, *Stone Butch Blues*, e sua autoidentificação como "ele/u" ou "san" ("s/he", "hir").

mais ou menos naturalistas do sujeito político do feminismo[31] ("*Nós, mulheres*" = nós, as mulheres "nascidas mulheres" ou "biológicas"), mesmo ao se engajarem em um processo de desnaturalização do sexo por meio do conceito crítico de gênero.[32] Para a política feminista, a questão é ainda mais problemática porque ratifica determinada estratégia política, a "passabilidade" (*passing*), como única estratégia possível para as pessoas trans, em particular, e para todas as pessoas, em geral. A "passabilidade" (ou seja, "passar por") é conhecida no contexto do racismo, sobretudo o do sistema segregacionista dos Estados Unidos e de seu adágio "iguais, mas separados".[33] A expressão é empregada pelas pessoas trans na atualidade. Entretanto, "passar por" um homem ou uma mulher é equivalente a tentar passar por realista, de acordo com as regras e as restrições predefinidas da realidade comumente aceita. Em tal contexto, "passar por" exige submissão às regras e às restrições do heterossexismo, pois desafia os limites das identidades, das representações e das prerrogativas do masculino e do feminino: ser mulher ou ser homem são identidades produzidas no âmbito de um sistema de relações que ratificam uma divisão sexual do trabalho na produção e na reprodução (incluindo a atribuição de mulheres ao trabalho doméstico e, mais geralmente, a funções com baixo valor social agregado), uma socialidade diferenciada (espaços sociais, atividades de socialização, *éthos* socializado) que implica um acesso assimétrico

---

31 Para uma reflexão sobre o sujeito político dos movimentos trans, ver K. Bornstein, *Gender Outlaw*, op. cit.
32 Ver Pat Califia, *Le Mouvement transgenre: Changer de sexe*. Paris: Epel, 2003.
33 O escritor estadunidense Philip Roth dedicou um de seus últimos romances ao *topos* da história de seu país: *A marca humana* (trad. Paulo Henriques Britto. São Paulo: Companhia das Letras, 2014).

a recursos sociais, tais como a violência. Espaço público, espaço profissional, espaço privado, a passabilidade, como estratégia individual e política, depara-se com seus limites no fato de que o heterossexismo parece ser uma validação eficaz da identidade sexual como algo plausível, realista e, no dia a dia, viável. A estratégia da passabilidade reside no fato de que as pessoas trans são constantemente colocadas à margem da humanidade. Nesse sentido, poderíamos pensar nelas como pertencentes à longa história dos *párias*, tal como escreveu Eleni Varikas. Como figura de "abjeção", o pária é forçado a constituir sua própria subjetividade desumanizada sob a "tirania da heterodefinição".[34]

> Assim, o pária não é apenas uma figura de exclusão política e social. Em um sistema de legitimação que faz da humanidade comum a fonte da igualdade de direitos, o não reconhecimento de seus direitos faz pesar uma suspeita sobre sua humanidade plena, e tende a associar a sua inferioridade social com uma inferioridade antropológica.[35]

Não obstante, as práxis transfeministas transformaram essa posição imposta de abjeção em um espaço de contestação radical. Como escreveu Pat Califia, na

> atualidade, as pessoas transgênero têm questionado com mais frequência o sistema binário: em vez de reivindicarem o direito de serem tratadas por um problema físico ou mental (disforia de gênero), elas estão pedindo ao resto da sociedade que mude suas concepções de gênero. Há ativistas transgênero que, em

34 E. Varikas, *Les Rebuts du monde*, op. cit., p. 74.
35 Ibid., pp. 67–68.

vez de lutar por uma integração, consideram a credibilidade um privilégio que apenas ratifica um sistema binário, polarizado e opressor. A pessoa transgênero que opta por mostrar sua ambiguidade segue um caminho semelhante ao de um homem gay que sai do armário.[36]

Trata-se, portanto, de questionar os limites das identidades sexuais e de desafiar o heterossexismo, numa luta corpo a corpo com a "polícia do gênero", o que convém chamar aqui de uma verdadeira *polícia do real*: "Correndo o risco de perder certa segurança se separando de uma ontologia estabelecida [...], [quando] o irreal reivindica sua realidade, ou quando ele passa a integrar o seu domínio, temos algo diferente de uma simples assimilação às normas dominantes. As próprias normas podem ser abaladas, traindo sua instabilidade e se abrindo para uma ressignificação".[37]

Para Judith Butler, o corpo é em parte aquilo que possibilita que "novos modos de realidade"[38] sejam instigados, no sentido de que as normas que se tenta ou se contribui para modificar, ou mesmo criar, são incorporadas, a despeito das formas de exortação, mais ou menos violentas, que compelem a seguir a norma, reiterações da realidade à qual nos expomos. A questão dos "gêneros possíveis",[39] das identidades sexuais que, por se alegarem reais, desafiam a distinção estabelecida entre o que é considerado real e o que é considerado irreal, patológico ou monstruoso, não deve ser pensada como um "luxo buscado por quem quer estender excessivamente a liberdade burguesa [...].

36 P. Califia, *Le Mouvement transgenre*, op. cit., p. 287.
37 J. Butler, *Défaire le genre*, op. cit., pp. 41–42.
38 Ibid., p. 43.
39 Ibid., p. 44.

Não se trata de produzir um futuro para gêneros que ainda não existem", escreve Butler. "Os gêneros que tenho em mente", conclui ela, "existem há muito tempo, mas não foram admitidos nos termos que governam a realidade. Trata-se de desenvolver, na lei, na psiquiatria, nas teorias social e literária, um novo léxico que legitime a complexidade de gênero com a qual sempre convivemos. Como as normas que governam a realidade não admitiram que essas formas são reais, vamos chamá-las, por necessidade, de 'novas'."[40]

---

[40] Ibid., p. 45.

Agradecimentos

Este livro recebeu o apoio da equipe "Philosophies contemporaines" (Universidade Paris I – Panthéon-Sorbonne) e da ANR-07-JCJC-0073–01 "Biosex".[1] Todos os meus agradecimentos vão também para os meus primeiros leitores: Pierre-François Moreau, evidentemente, mas também Hélène Rouch, Éric Fassin, Michel Tort, María Puig de la Bellacasa, Grégoire Chamayou e Cécile Chaignot.

[1] Biosex Research Project [*Portail sur le sexe dans les sciences biologiques et medicales*]. Projeto de pesquisa financiado pela agência nacional de pesquisa francesa (ANR) em torno da constituição do objeto "sexo" e de seu tratamento nas ciências biomédicas modernas e contemporâneas, ocorrido entre 2008 e 2011. [N. E.]

Índice onomástico

A
Alcoff, Martín **92**
Amar, Jules **129**
Austin, John **114, 118**

B
Beauvoir, Simone de **9, 13, 127, 128**
Bourcier, Sam **106, 135, 137, 140**
Butler, Judith **75, 93—95, 111—23, 134, 144—45**

C
Califia, Pat **142—44**
Chamayou, Grégoire **130**
Chauncey, George **106—07**
Comolli, Louis **135**
Crenshaw, Williams **79**

D
Delphy, Christine **16, 19, 23, 48, 57, 79**

E
Ehrhardt, Anke **36—37**
Eribon, Didier **107**
Espineira, Karine **140**

F
Fanon, Frantz **97—99, 102**
Fausto-Sterling, Anne **43**
Fonda, Henry **69**
Foucault, Michel **8, 9, 15, 17—18, 109—10, 113, 132, 135**

G
Gilligan, Carol **24—26**
Guillaumin, Colette **41, 72—74, 77**

H
Haraway, Donna **31, 131**
Harding, Sandra **27, 29—32**
Hartsock, Nancy **21—22, 30**
hooks, bell **84, 91**
Hopkins, Johns **36—37, 137**

151

I
Irigaray, Luce **8—10, 17, 27, 64**

K
Keller, Evelyn Fox **28—29**
Kohlberg, Lawrence **25**

L
Livingston, Jennie **108**
Lodge, Hamilton **107**
Lorde, Audre **95**
Löwy, Ilana **28, 38, 40—41, 78**
Lugones, María **76**

M
MacKinnon, Catharine **63**
Mannoni, Octave **98—99**
Mathieu, Claude **15, 23—24**
Money, John **36—38, 40, 46**

O
Oakley, Ann **40**
Okin, Susan Moller **26**

P
Prokhoris, Sabine **61—62**
Puig, María **20—22**

R
Riley, Denise **92—93**
Rouch, Hélène **42, 51, 81**
Rubin, Gayle **57—58, 60, 62, 110**

S
Sedgwick, Eve Kosofsky **107**
Spivak, Gayatri Chakravorty **91, 93**
Stoller, Robert **36—37, 40**

T
Tabet, Paola **64—65**
Thomson, Judith Jarvis **66—69, 71**
Tort, Michel **100—01**
Tronto, Joan **26**
Truth, Sojourner **89—90**

V
Varikas, Eleni **8, 42, 74, 96, 143**

W
Walker, Alice **79**
Williams, Linda **79, 135—37**
Wittig, Monique **56—57, 71—72, 74—75**
Woolf, Virginia **88—89**

Sobre a autora

ELSA DORLIN nasceu em Paris, em 1974. Em 2004, defendeu doutorado na Universidade Paris IV – Paris-Sorbonne sobre a relação entre sexo, raça e medicina nos séculos XVII e XVIII. De 2005 a 2011, atuou como professora de história da filosofia e das ciências na Universidade Paris I – Panthéon-Sorbonne. Em 2007, selecionou e organizou textos de feministas negras para a antologia *Black Feminism* (Paris: L'Harmattan, 2008). Em 2009, recebeu medalha de bronze do Centro Nacional de Pesquisa Científica (CNRS) por sua pesquisa em gênero e epistemologia feminista. Foi professora visitante associada no programa de teoria crítica da Universidade da Califórnia – Berkeley de 2010 a 2011. Desde 2011 é professora de filosofia política na Universidade Paris VIII – Vincennes-Saint-Denis. *Autodefesa: Uma filosofia da violência* recebeu o prêmio Frantz Fanon de 2018 da Caribbean Philosophical Association e o Prix de l'Écrit Social 2019 da Arifts Pays de la Loire.

Obras selecionadas

Au Chevet de la nation: sexe, race et médecine: XVIIe-XVIIIe siècles. Tese de doutoramento. Paris: Paris-Sorbonne, 2004.

*L'Évidence de l'égalité des sexes: une philosophie oubliée au XVII*ᵉ *siècle*. Paris: L'Harmattan, 2001.

La Matrice de la race: Généalogie sexuelle et coloniale de la Nation française. Paris: La Découverte, 2008.

Autodefesa: Uma filosofia da violência [2018], trad. Jamille Pinheiro Dias e Raquel Camargo. São Paulo: crocodilo / Ubu Editora, 2020.

Título original: *Sexe, genre et sexualités.*
© Presses Universitaires de France / Humensis, 2008
© crocodilo edições, 2021

IMAGENS DA CAPA E DA ABERTURA © Regina Parra.
Detalhes da série *A perigosa*, 2019. Foto: Filipe Berndt.

Nesta edição, respeitou-se o novo
Acordo Ortográfico da Língua Portuguesa.

Dados Internacionais de Catalogação na Publicação (CIP)
Elaborado por Vagner Rodolfo da Silva – CRB-8 / 9410

Dorlin, Elsa [1974–]
   Sexo, gênero e sexualidades – Introdução à teoria feminista / Elsa Dorlin; traduzido por Jamille Pinheiro Dias e Raquel Camargo. Título original: *Sexe, genre et sexualités.*
   São Paulo: crocodilo / Ubu Editora, 2021. 160 pp.
   ISBN 978 65 86497 43 4 [Ubu Editora]
   ISBN 978 65 88301 15 9 [crocodilo]

---

1. Feminismo. 2. Filosofia. I. Camargo, Raquel. II. Pinheiro Dias, Jamille. III. Título.

2021-1903   CDD 305.42 CDU 396

Índice para catálogo sistemático:
1. Feminismo 305.42
2. Feminismo 396

COORDENAÇÃO EDITORIAL Clara Barzaghi e Marina B. Laurentiis
ASSISTENTES EDITORIAIS Isabela Sanches e Gabriela Naigeborin
PREPARAÇÃO Dimitri Arantes e Juliana Bitelli
REVISÃO Cláudia Cantarin e Orlinda Teruya
DESIGN Elaine Ramos e Livia Takemura
ASSISTENTE DE DESIGN Júlia França
PRODUÇÃO GRÁFICA Marina Ambrasas
TRATAMENTO DE IMAGEM Carlos Mesquita

COMERCIAL Luciana Mazolini
ASSISTENTE COMERCIAL Anna Fournier
GESTÃO SITE / CIRCUITO UBU Beatriz Lourenção
CRIAÇÃO DE CONTEÚDO / CIRCUITO UBU Maria Chiaretti
ASSISTENTE CIRCUITO UBU Walmir Lacerda
ATENDIMENTO Jordana Silva e Laís Matias

CROCODILO EDIÇÕES
crocodilo.site
oi@crocodilo.site
/crocodilo.edicoes
/crocodilo.site

UBU EDITORA
Largo do Arouche 161 sobreloja 2
01219 011 São Paulo SP
(11) 3331 2275
ubueditora.com.br
professor@ubueditora.com.br
/ubueditora

FONTES
Karmina e Pirelli
PAPEL
Pólen soft 80 g/m²
IMPRESSÃO
Margraf